Bu kitabımı
19 yıl önce 27 Ekim'de Düzce E-5 üzerinde
faili meçhul bir trafik kazası ile kaybettiğim
rahmetli babama ithaf ediyorum.

terör kıskacında türkiye

HALİT ESENDİR

Bu kitap
***Emine Eroğlu**'nun yayın yönetmenliğinde*
***Adem Koçal**'ın editörlüğünde*
yayına hazırlandı.
*Kapak tasarımı **Ravza Kızıltuğ***
tarafından yapıldı.
1. baskı olarak 2006 Mart ayında
2. baskı olarak 2006 Haziran ayında
yayımlandı.
Kitabın Uluslararası Seri Numarası
(ISBN) : 975-263-400-1

Baskı ve cilt:
Sistem Matbaacılık
Yılanlı Ayazma Sok. No: 8
Davutpaşa-Topkapı/İstanbul
Tel: (0212) 482 11 01

TİMAŞ YAYINLARI

***İrtibat** : Alayköşkü Cad. No: 11*
Cağaloğlu / İstanbul
***Telefon** : (0212) 513 84 15*
***Faks** : (0212) 512 40 00*

www.timas.com.tr
timas@timas.com.tr

TİMAŞ

TİMAŞ YAYINLARI/1485
TÜRKİYE GERÇEĞİ/54

terör kıskacında türkiye

HALİT ESENDİR

TİMAŞ YAYINLARI
İSTANBUL 2006

HALİT ESENDİR

1955 yılında Kırklareli'nde doğan yazar Balıkesir-Edremit'te ilk, orta ve lise eğitimden sonra yüksek öğrenimini Ege Üniversitesi Kimya Fakültesi'nde tamamladı. Daha sonra İzmir ve Antalya'da özel dershanecilik yaptı. MEB'de 2 yıl Kimya Öğretmenliği yaptıktan sonra istifa ederek İzmir Özel Akyazılı ve Yamanlar Koleji'nin kurucusu ve idarecisi olarak çalıştı. 1988–2003 yılları arasında Zaman Gazetesi'nde sırasıyla Genel Koordinatör, Dağıtım ve Yayın Koordinatörü, Genel Yayın Yönetmeni, Dış Baskılardan Sorumlu Genel Müdür Yardımcısı, Başdanışman ve Pakistan-Afganistan temsilciliği görevlerini üstlendi. STV'de 2 yıl süren Medya ve Toplum ile Medya Dünyası programlarının yapım ve sunuculuğunu yaptı. Cihan Haber Ajansı ve Aksiyon Dergisinin kurucusu olan yazar, Basın Konseyi Vakfının da kurucu üyesidir. Yazar, halen "Babıâli'nin Meşhurları" (2 Cilt), bütün dünyaya yayılarak barış köprüleri olan Türk okullarının 80 yıllarla başlayan kuruluş öykülerini bütün yönleriyle anlatan "Türk Okullarının İlk Kuruluş Hikâyesi" ve gazetecilik hatıralarını anlatacağı "Atılamayan Manşetler" kitapları üzerinde çalışmaktadır.

İÇİNDEKİLER

SUNUŞ

Halit Esendir dünyada eşi benzeri az bulunacak müthiş meraklı insanlardan biri. Göze hemen batan ilk özelliği 'merak' olan bir insan, fen bilimleri alanında akademik eğitim yaptıktan sonra gazetecilikle tanışırsa ortaya gerçekten ilginç bir bileşim çıkıyor: Gözü açık, kulağı açık, duyduklarını ve gördüklerini sürekli tahlil edip duran bir zihin...

'Terör kıskacında Türkiye', isminden de anlaşılacağı üzere, Türkiye'nin yakın tarihine başka bir açıdan bakmayı amaçlıyor. Terörü, kendi doğallığı içerisinde ortaya çıkmış bir ifade biçimi olarak değil de bir ülkeyi istenen istikamete doğru çekiştirmenin bir yöntemi olarak görüyor. Ne zaman kendi kanatlarıyla uçmaya kalksa Türkiye, rengi-kokusu-ağırlığıyla temel özellikleri değişse bile karşısına hep terör çıkıyor. Bir ara 'ideolojik' amaçla yapılırken, ya da 'mezhep çatışması' biçiminde kendini gösterirken, daha sonra 'etnik' bir havaya bürünüyor terör; ASALA oluyor, PKK oluyor...

Sonuç aynı: Türkiye karşısına çıkan terör yüzünden savruluyor...

Kitabın tezi, başka ülkelerde ancak romanlara konu yapılabilecek gizemde ayrıntılarla destekleniyor. Verdiği bilgilerin bir bölümünü belleğimizin en arka raflarına ittiğimizi fark ediyoruz; bir bölümüyle ise ilk kez bu kitapta karşılaşıyoruz ve bir tür 'kayıp halka' işlevi görüyor o bilgi... Bazen de, hep gözümüzün önünde olmuş, defalarca üzerinde düşündüğümüz ayrıntılara farklı bir açıdan bakmaya davet ediyor bizi Halit Esendir; biraz zorlanıyoruz belki, ama bu çaba bize ayrı bir keyif veriyor..

Bu kitap bilimsel bir çalışma değil, teorik yenilikler getirme iddiası da yok. Yansız, tarafsız, olaylara kendini karıştırmadan yukarıdan bakan birinin elinden de çıkmıyor. Tarafı belli, gerektiğinde tavrını çok açık biçimde ortaya koyan, bazı olaylara gönüllü karışmış ilk elden bilgilere sahip bir yazarın eseri bu. Kullandığı malzeme herkesin malı olsa da deneyimlerinden süzülmüş tahliller Halit Esendir'in her an çalışan zihninin ürünü.

Son yıllarını yurtdışında geçirdiği için yazar, başka ülkelerde gördüklerinden ve okuduklarından da yararlanmış vardığı sonuçlara giden yolda; kurduğu mantık ilişkileri kendi ülkesindeki olayları daha iyi anlamasına yaramış, yurtdışı deneyimlerinden bizi de istifade ettiriyor.

Kitabı keyifle okuyacağınızı umuyorum.

Fehmi Koru

Mart 2006

❖ İkinci Baskıya Önsöz ❖

İlk baskısı iki ay önce yapılan kitabım için yeni bir önsöz yazmak gereğini hissettim. Çünkü Türkiye'de olayların ne kadar hızlı geliştiği, ülkeyi kaosa sürüklemek isteyenlerin ne kadar koordineli çalıştıkları apaçık ortaya çıktı. Son 2–3 ayda ortaya çıkan çetelerin ve özellikle menfur Danıştay baskınını yapan kişinin yakalanması Türkiye'yi olası bir kaostan kurtarmıştır.

28 Şubat'ta olduğu gibi hükümete ve dindar kesimlere ilk günlerde medya tarafından linç operasyonu yapılmasına rağmen, yakalanan şahsın değişik bağlantılarının ortaya çıkması, perde arkasında yapılan planları boşa çıkarmıştır. Mayıs sonunda Atabeyler çetesi adı altında aralarında Özel Kuvvetler Komutanlığı'nda çalışan subay ve astsubaylarında bulunduğu resmi görevlilerin yakalanması Kontrgerilla faaliyetlerinin ülke içinde uygulanmaya konduğunu göstermektedir.

Kitabın ilk basımından sonra Hükümet, askeri kanattan gelen baskılar sonunda Emniyet Genel Müdürlüğü İstihbarat Daire Başkanı Sabri Uzun'u Meclis komisyonundaki "hırsız içeride" açıklamaları sebebiyle açığa almış ve Terörle Mücadele Kanunu'nunu (TMK) Diyarbakır'da basit provokasyonlar sonrası Meclise sevk etmiştir. Genelkurmay Başkanlığı'nın Kara Kuvvetleri Komutanı Yaşar Büyükanıt'ın Van Savcısı tarafından suçlanması üzerine yaptığı sert açıklamalar sonrasında Hakimler ve Savcılar Yüksek Kurulu tarafından yargıya baskının en açık misali olarak Van savcısının görevden alınması uygulamaları Türkiye'nin yeniden oligarşik cumhuriyete doğru çekilmeye başlandığını göstermektedir.

Uzun süredir devam eden cumhurbaşkanının kim olacağı tartışmaları ülkeyi yavaş yavaş bir bilinmeze doğru sürüklemeye başlamıştır. 27 Mayıs, 12 Mart, 12 Eylül ve 28 Şubat dönmelerinde olduğu gibi ülkemizin darbe zeminine doğru sürüklenmesine sebep olacağı ihtimali Danıştay'a yapılan menfur saldırı ile netleşmektedir. Cenaze merasiminde özellikle Hükümet temsilcilerine yönelik "katil" ifadeleri provokasyonun ne kadar planlı ve iktidarı erken seçime zorlama amaçlı olduğu görülmektedir.

Bu durumda iktidar, cumhurbaşkanını eski sistemi uygulayarak seçmeye çalıştığı takdirde, 3 yıldır birçok konuda istikrarı yakalayan ülkemize zarar vereceğini görmelidir. Bu yüzden İktidarın önünde iki seçenek bulunmaktadır: 1) Anayasa değişikliğiyle 5+5 olmak üzere halk tarafından seçilen yetkili ve sorumlu bir cumhurbaşkanını seçmek 2) Yine 5+5 kuralına göre Meclis'in belirleyeceği ve yetkileri azaltılmış bir cumhurbaşkanı seçilmesi için muhalefet ile uzlaşmak. Böylelikle ülkeyi kaosa doğru çeken tartışmalar en aza inecek ve yeniden istikrar sağlanacak.

Türkiye'nin önünde "yeni Cumhurbaşkanı kim olacak" meselesinden sonra ikinci önemli mesele Hilmi Özkök'ten sonra Genelkurmay Başkanı'nın kim olacağıdır. Ankara'da Özkök'ün süresinin bir yıl daha uzatılarak 2007'de şu anda 1. Ordu Komutanı olan İlker Başbuğ'un başkanlığa atanacağı ve 3 yıl görevde kalacağı senaryoları konuşulmaktadır. Genelkurmay Başkanı bu iddialara karşın emekli olacağını ve çok yorulduğunu açıkça belirtmiştir.

Aslında Şemdinli savcısının Kara Kuvvetleri Komutanı ile ilgili yazdığı iddianameyi Milliyet gazetesine kimlerin hangi maksatla sızdırıldığının anlaşılması için olaya askeriye içerisinden bakılmasının daha doğru olacağını iddia edenler bulunmaktadır. Çünkü Yaşar Büyükanıt hakkında dava açılsaydı Ağustos'ta Genelkurmay Başkanlığı'na gelemeyecekti. En kıdemli Kuvvet Komutanı'nın 2006 Ağustos'ta daha önce Aytaç Yalman'ın sürpriz gelişi gibi Genelkurmay başkanı olması işten bile değildi.

Diğer bir görüşe göre ise, 2006 Ağustos'ta iki yıl için başkan olabilecek Büyükanıt'ın görev süresi Doğan Güreş'in süresi gibi uzatılabilir. Bu durumda alttan gelen komutanların emekli olmaktan başka çareleri kalmayacaktır. Ankara'da ahenkli ve istikrarlı bir devlet yönetiminin 2006 Ağustos'ta yeni komuta kademesi belirlenene kadar engelleneceği de söylenmektedir.

Aslında Batı demokrasilerinde ve üyesi olduğumuz NATO teşkilatında sadece Türk Genelkurmay Başkanı olmak adeta siyasi bir ikbal gibi algılanmaktadır. AB'nin Türkiye'den yapmasını beklediği reformlardan biri; gelecek dönemden başlamak üzere Genelkurmay Başkanı'nı Milli Savunma Bakanı'na bağlamasıdır. Böylelikle

Faruk Mercan'ın *Apolet, Kılıç ve İktidar* kitabında anlattığı gibi 30 yıldır, her dört yılda bir Türkiye'de iç siyasi dengeleri bile sarsan "Genelkurmay Başkanı kim olacak" tartışmaları son bulacaktır.

Bütün bu ve benzer senaryolar puslu havadan istifade eden iç ve dış destekli kötü niyetli bir kısım çevrelerin işine gelmektedir. Ankara'da konuşulan yukarıda yazdığım ve yazamadığım bir komplo teorilerini AKP iktidarı Meclis'ten geçireceği yasa ve Anayasa değişiklikleri ve uygulamalarla boşa çıkarmalıdır.

Başbakan Tayyip Erdoğan, bütün bu komplo teorileri karşısında, devletin başta Cumhurbaşkanlığı, Yargı ve Ordu olmak üzere tüm kurumları ile uyumlu, son dönemde maalesef artmaya başlayan YÖK ve muhalefetle gereksiz tartışmalara da girmeden uzlaşmacı, çözüm üretici icraat ve tavır sergilemelidir. Demokrasiye, insan haklarına saygılı, her kesime karşı diyalog ve hoşgörülü, duyarlı bir yönetim sergilemelidir.

Türkiye'de istihbarat teşkilatlarıyla hükümetler arasında bir türlü uyum sağlanamamaktadır. 55 yıldır MİT, Polis, Jandarma ve askeri istihbaratlar arasında koordinasyon oluşmaması ve devamlı gizli rekabetlerin yaşanması Türkiye'nin en ciddi sorunlarından biridir. AKP iktidarı 12 Eylül darbesinin ürünü olan antidemokratik ve yetki kargaşasına sebep olan MİT kanununu, artan dış kaynaklı terör olaylarına tedbir olarak yurt içi ve yurt dışı yabancı istihbarat çalışmalarına yönlendirilecek şekilde acilen değiştirmelidir. Aksi takdirde askeri darbeleri bile başbakana bildirmeyen ve antidemokratik 12 Eylül ürünü yasasından güç alan istihbarat birimleri ile Türkiye'nin demokratikleşmesi hayal olacaktır.

İstihbarat örgütleri arasındaki gizli güç mücadelesinden ve terör ortamından yararlanarak istemediği bir iktidarı yıpratan olağanüstü dönem özlemcileri vardır. Medya, Ordu, Bürokrasi ve Siyaset ve İstihbarat içine sızmış gizli maksatlı grupların tasfiyesini yapabilecek, siyasi iktidar, Meclis ve Yargıya hesap verecek demokratik bir MİT kanunu çıkarmadan ülke içindeki huzursuzluk, kaos, Terör ve PKK olayını çözmek mümkün olmayacaktır.

AKP Hükümetinin demokrasiden taviz vermeden yeniden ısıtılıp Hükümetin önüne konulan TMK'da antidemokratik ve tanımı her yere çekilebilecek hususları temizleyerek terörle mücadelede insan haklarını sınırlamaya değil, tam tersine devlet kurumları arasında koordinasyonun arttırılmasına ve istihbarat birimleri arasında bilgi alış verişinin ve koordinasyonun teminine ciddi ihtiyaç vardır.

Aksi takdirde Türkiye'deki terör faaliyetleri eski günlerine dönerken, emniyet, jandarma, MİT ve Genelkurmay arasında paylaşılması gereken istihbarat veya güvenlikle ilgili ortak bilgilerler böyle bir birim olmadığı için terör ve teröristlere karşı başarıda ciddi zaaflar meydana gelmektedir. Yeni çıkan kanun ile iç ve dış güvenlik koordinasyonu Başbakanlık makamına verilmiştir. İstihbarat ve güvenlik birimleri arasında işbirliği ve koordinasyonu sağlamak için Anayasanın AB'ye göre düzenlenmesi sırasında Başbakanlığa bağlı genel müdürlük seviyesinde Güvenli İşleri Genel Müdürlüğü'nün kurulması çok yararlı olmuştur.

TMK, terörist yerine sanki normal halka karşı silahsız terör örgütü(!) iddiaları ve STK ve mensuplarına terörist muamelesi uygulanacak iddialarına sebep olan 141., 142. ve 163. maddeleri çağrıştıran adeta demokrasi ile mücadele kanunu haline getirmemelidir. Aksi takdirde yanlışlar birbirini takip edecek, tavizler tavizleri doğuracak ve AKP tabanını kaybedecek. Ankara'da konuşulan diğer bir komplo senaryosuna göre yeniden terör olayları meydana gelecek ve belki de 2006 Kasım ayında AKP erken seçim yapmak zorunda kalacaktır. Böylece AKP'ye Çankaya yolu kapanacak ve tek başına iktidara elveda demek zorunda kalacaktır.

Başbakan Tayyip Erdoğan'ın en iyi tecrübeleri geçmişte kendi yaşadıklarıdır. Bu ülkede yaşadığımız problemlere çözüm yollarını bulacak kurum Anayasa'nın işaret ettiği gibi Meclis'tir. Herkesçe bilinen ve nedense bir türlü uygulamaya konulamayan kitapta ele aldığım demokratik acil eylem planlarını uygulanabilmesi dileğiyle…

Halit Esendir

Urla- İzmir

5 Haziran 2006

❖ Önsöz ❖

14 Mayıs 1950'de "*Yeter artık söz Milletindir*" sloganı ile ilk seçimde iktidara gelen Demokrat Parti 27 Mayıs darbesiyle alaşağı edildi. 1961'den sonra önce hükümet ortağı sonra 2 kez tek başına iktidar olan Adalet Partisi 12 Mart 1971'de verilen askeri muhtıra ile iktidardan inmek zorunda bırakıldı. Asker vesayetindeki Teknokrat hükümetlerinden sonra kurulan CHP-MSP koalisyonu, Ecevit Azınlık Hükümeti, 3 Milliyetçi Cephe hükümetleri sonrasında 12 Eylül 1980 askeri darbesi ile Türkiye bir kez daha antidemokratik bir biçimde, asker-sivil destekli laikçi, oligarşik Cumhuriyet çizgisine çekilmeye çalışılacaktı.

1983'te iktidara gelen ANAP, Özal'ın ortaya koyduğu yeni vizyon ve ekibi ile dünyaya açıldı. Kapalı toplum ve oligarşik cumhuriyetten demokratik cumhuriyete doğru; yapısal, demokratik ve ekonomik hamleler yapılmaya başlandı. Özal'ın Cumhurbaşkanı olmasının akabinde ANAP, Mesut Yılmaz'ın ellerine bırakıldı. Özal'ın 1993 Nisan'ında gelen şüpheli ölümünden sonra Türkiye yeniden oligarşik devlet yapısına kaymaya başlayacaktı.

25 yılda PKK/terör belası yüzünden bilhassa Doğu ve Güneydoğu'da yaşayan masum halk kitleleri, şehit aileleri ve yakınları büyük mağduriyetler yaşadı. Yüz binlerce insan yaşadığı yerleri terk etmek zorunda kaldı. Ülkemiz bir türlü kaos ve anarşi ortamından kurtulamadı.

Susurluk kazası sonrasında ortaya çıkan, terör olaylarında aktif olarak kullanılan elemanların birçoğunun devlet içi suç örgütleri ve mafya arasındaki ilişkileri Başbakan Erbakan'a verilen raporda gizlenmeye çalışılacaktı. Olayın mahiyetini tam olarak kavrayamayan ve önüne gelen fırsatı koalisyon ortağı DYP yüzünden değerlendiremeyen Erbakan, milletçe yaşamak mecburiyetinde kalacağımız irtica paranoyaları(!) eşliğinde tertip edilen 28 Şubat post-modern darbesi sonrasında koltuğunu kaybedecekti.

Başbakanlık Teftiş Kurulu Başkanı Kutlu Savaş, Mesut Yılmaz'ın başbakanlığı döneminde hazırladığı raporla her şeyi gözler önüne sermesine rağmen ciddi tedbirler alınmadı. Türkiye'yi borç girdabına sokan ve bankaları hortumlayan 28 Şubat ekibi gerçekleri ters yüz ederek ülkeyi irtica yaygaralarına feda etti. Cumhurbaşkanı Demirel'in himayesinde kurulan 28 Şubatçı koalisyon hükümetleri döneminde çıkarılan antidemokratik yasalarla Susurluk olayına karışmayan ve suç örgütleri ile hiçbir ilgisi olmayan, başta dindar kesimler olmak üzere milletçe 50 yılda kazandığımız dini ve demokratik haklar adeta yok edildi. Tesis edilmek istenen, Milli Şef döneminin kopyası oligarşik Cumhuriyetti.

45 yıldır yapılan tüm darbelere ve antidemokratik müdahalelere rağmen halkımız sağduyusu ile 1961, 1965, 1973, 1977, 1983 ve 1987'de oligarşi taraftarlarına prim vermediği gibi, 3 Kasım 2002'de yapılan erken seçimlerde de bir kez daha 28 Şubat'a ses çıkartmayan partilere meclis yolunu kapattı.

* * *

1987'de Özal döneminde yapılan Avrupa Birliği üyelik başvurusunun ardından 1995'te Çiller başbakanlığındaki DYP-SHP koalisyonunu döneminde Gümrük Birliği'ne girilmiş, 1999 yılında Başbakanlığını Ecevit'in yaptığı Ana-Sol koalisyonları döneminde de Türkiye için AB Başkanlar Konseyi tarafından belirli demokratikleşme kıstaslarını içeren Kopenhag kriterleri belirlenmişti.

AKP iktidara gelir gelmez içte ve dışta hiç kimsenin beklemediği irade ve hızla Anayasa ve yasa reformlarını çok kısa sürede gerçekleştirdi. Kıbrıs'ta Türk tarafının AB'ye "Evet" demesini sağlayarak barıştan yana olunduğunu tüm dünyaya duyuran cesur politikalar üretti. Tüm bunların ardından, 17 Aralık 2004'te yapılan AB Başkanlar Konseyi toplantısından 3 Ekim 2005'te AB ile üyelik müzakerelerinin başlaması kararı çıktı. Gelişmeler, demokratikleşen, AB üyeliği yolunda bir Türkiye ihtimalinden rahatsız olan iç ve dış mihrakları endişelendirmeye başladı.

* * *

1960'lı yıllarda seçimle gelen hükümetleri yıpratmak için sağ ve sol tanımlamasıyla başlatılan değişik adlardaki öğrenci olayları ve terör eylemleri, son 25 yıldır PKK terörü olarak Türkiye'nin önüne getirilmektedir. Özellikle darbe ve muhtıralar öncesi oluşturulan kaos ve terör ortamından yararlanarak şahsi veya gizli cemiyet veya grup menfaatlerini ülke menfaatleri üstünde görenlerin bilhassa medyanın tesiriyle meydana getirdikleri kamuoyu desteği ile halkın seçtiği iktidarlar ülkeyi yönetemez hale getirilmeye çalışılmıştır. İstemediği bir iktidarı kolayca yıpratabilen, toplumu yöneten bütün birimlere girmiş olan, mafya bağlantılı, derin devlet heveslisi, olağanüstü dönem özlemcisi ve oligarşik zihniyetlileri tanımadan bir siyasi iktidarın muktedir olması imkânsızdır. Medya, ordu, bürokrasi, ticaret ve siyaset dünyasında etkili ve yetkili elemanlarını ve dostlarını yerleştiren bu gizli maksatlı gruplar etkisiz hale getirilmelidir. Aksi takdirde, ülke içindeki her türlü istikrarsızlık ve kaos ortamını besleyen PKK, irtica(!) ve benzeri terör olayları çözmek ve önlemek mümkün değildir. Eğer her türlü terörün sebeplerini dikkate almadan ve bunları besleyen ve ortaya çıkan terör ortamından faydalanmaya çalışan iç ve dış unsurları bilmeden teröre karşı yürütülecek bir silahlı mücadele ile kalıcı netice alınamamaktadır. Bu tehlikeleri görmeyen, basit siyasi hesaplar ve menfaatler peşinde koşan, milletin verdiği yetkileri yine millet için doğru kullanamayan, basiretsiz siyasi iktidarlar ve onların atadığı oligarşik zihniyetli veya dirayetsiz bazı devlet yöneticileri yüzünden hep Türkiye ve halkı zarar görmektedir. Bazen sağcı-solcu, bazen dindar-laik, bazen Alevi-Sünni, bazen Kürt-Türk gibi suni ayrımlarla halkımız yıllardır çeşitli baskı ve zulümler altında bırakılmakta ve gerçek laiklik ve demokrasi ülkemizde bir türlü uygulanamamaktadır.

Ülkenin geleceği özellikle 28 Şubat post-modern darbe sonrasında içi boşaltılan hazinesi yüzünden adeta ipotek altına alınmıştır. IMF, AB, ABD, İsrail, Rusya ve İslam Dünyası arasında hangi tarafta ve hangi dengeler içinde olacağını kestiremeyen bir Türkiye'de iktidarlar gelip gitmekte, ama muktedir olamadıklarından, ülkenin bir türlü düzlüğe çıkmasına terör, kaos ve irtica(!) bahanesiyle içten ve dıştan izin verilmemektedir.

Kısacası bütün bunlar, aslında 55 yıldır seçimle gelen hükümetlerle bürokrasi ve askeri vesayet arasındaki gizli iktidar mücadelesidir. Sağ, sol öğrenci olayları ve çeşitli adlardaki irtica ve terörle mücadele bahanesi ile ülkemizde olağanüstü dönemler yaşanmıştır. 27 Mayıs 1960 darbesi, 12 Mart 1971 muhtırası, 12 Eylül 1980 darbesi ve 28 Şubat 1997 muhtırası sonrasında antidemokratik şartları çok iyi değerlendiren laikçi oligarşik cephe, maalesef gizli iktidar gücünü korumayı her zaman başarmıştır.

Mecliste büyük çoğunluğa sahip AKP iktidarı döneminde, Avrupa Birliği yolunda, demokrasi mücadelesinde hızla ilerlerlerken, 2007'de yapılacak Cumhurbaşkanlığı seçimi arifesinde bir kere daha irtica(!), Kürt-Türk provokasyonları, Şemdinli olayları ve PKK terörü bahanesiyle 28 Şubat postmodern sürecinde de olduğu gibi, gizli iktidar gücü olan oligarşiye tekrar yenik mi düşeceğiz? Türkiye yine laikçi, oligarşik bir cumhuriyete mi dönüşecek? Ya da AKP iktidarında AB yolunda ilerleyen Türkiye, 3 Ekim'de müzakerelere başlamanın verdiği sinerji ile gerçekten laik ve demokratik bir ülke mi olacak? Sonucu sadece, demokratik cumhuriyeti tam olarak tesis edemeyen, 55 yıldır, ortalama 3 yılda bir halkın seçimi ile başa gelen ama bir türlü muktedir olamayan hükümetlerden mi bekleyeceğiz?

Oy vererek ülkenin başına getirdiğimiz iktidarlardan her şeyi düzeltmesini beklemek yerine, AB müzakere sürecinden kesin netice almak için elimizdeki imkânları sivil toplum ve fertler olarak kullanmalı, gerçekten laik ve demokratik bir Türkiye oluşmasına gayret etmeliyiz. Ülke yararına olacak sosyal, kültürel, ekonomik faaliyetlerle birlikte ahlaklı, inançlı ve eğitimli nesiller yetiştirmenin artık son çare olduğunun şuuruna varmalıyız. İşte bu düşüncelerle benim vicdanımdaki ses, yıllardır sadece iktidarlardan beklemek yerine, ülkemiz için sivil toplum ve bireyler olarak daha çok şeyler yapılması gerektiğini fısıldadı durdu.

21. yüzyıla giren Türkiye hâlâ demokratikleşme sancıları çekiyorsa sivil toplum ve fertler olarak hepimize düşen bir vazife ve sorumluluk olduğu şuuru ve bilinci ile bu toplumun bir ferdi olarak, bir şeyler ortaya koymak için bildiklerimi yazmaya karar verdim.

Normalde, 15 yılı eğitimci ve idareci, 15 yılı üst düzey gazete yöneticiliği olan 30 yıllık meslek hayatımın ve ilginç tecrübelerimin yanı sıra yöneticisi olduğum gazeteye (Zaman gazetesi) ulaşan bazı gizli bilgi ve belgeler ışığında "*Atılamayan Manşetler*" kitabımı yazmaya başlamıştım. Bu kitabımda, gerçekleştiği günlerde çeşitli sebeplerle gazetede yayınlama fırsatı bulamadığım, manşet olabilecek haber ve olayları kamuoyu ile paylaşmayı hedefliyordum.

Ne var ki, tam da bu günlerde, 17 Aralık'ta AB Başkanlık konseyinden 3 Ekim'de müzakerelere başlamak için gün alınmasının akabinde özellikle son 8–9 ayda yeniden hızlanan suikast, bombalama ve terör olayları bahanesiyle AKP iktidarını antidemokratik yapıya doğru çekmek için yeni TMK'lar çıkartarak kamuoyu oluşturulmaya başlanıyordu. En son meydana gelen Şemdinli ve Silopi'deki provokatif bombalamalar ve Susurluk'ta örtbas edilen Jitem bağlantılı derin devlet çağrışımı yapan illegal yapılanmalar her şeyi gözler önüne sermeye yetiyor da artıyordu.

35 yıldır 3 defa şahsen idrak ettiğim darbe ve muhtıralar öncesi oynanan filmin tekrar vizyona konmak istendiğini fark ediyorum. Tecrübelerimden idrak edebildiğime göre, içte ve dışta terör ve kaos ortamına destek olanların ve yine içte ve dışta terör ve kaos ortamını bahanesi ile darbe ve muhtıra vererek ülkenin önünü tıkamaya çalışanların aslında aynı antidemokratik, statükocu ve oligarşik Cumhuriyete hizmet ettiklerini fark ettim. Bu güçlerin irtica(!) ve terörün arkasındaki silahlı güçlerle bazen bilerek, bazen bilmeyerek, aynı noktada buluştuklarını görüyorum.

Bu yüzden tamamen bilgi ve belgelerin ışığında yaşanmış gazetecilik hatıralarımdan oluşan "*Atılamayan Manşetler*" kitabımın yazımını ertelemek zorunda kaldım. Demokratikleşmeye çalışan ülkemize ve kamuoyunun toplumsal hafızasına daha yararlı olacağı düşüncesiyle öncelikle planımda olmadığı halde, elinizdeki bu kitabı Ağustos ayı sonlarında yazmaya karar verdim. Gündeme getirilmeye çalışılan terör, bölücülük ve irtica(!) oyununa karşı önceki dönemlerde gazeteye ve şahsıma ulaşan belgelerden bazılarını da bu kitabıma koyma gereği duydum.

Bu kitapta meydana gelecek bilgi ve içerik eksikliği ve olabilecek yanlışlıklar için şimdiden okuyuculardan özür dilemeyi bir görev addediyorum. Şüphesiz yapılacak eleştiri ve düzeltmeler ileriki baskılarda dikkate alınacaktır. Bu kitapla hiçbir kişi, grup, zümre, parti veya legal kuruluşu asla suçlamak veya bu yönde propagandada bulunmak düşüncesi taşımadım. Tek arzum tarihi mirası olan Türkiye'nin dünya muvazenesinde güçlü yerini almasına katkıda bulunmaktır. Toplumun geçmişle ilgili hafızasının çok çabuk silindiği gerçeğinden yola çıkarak bazı gerçekleri yeniden göz önüne sermeye çalıştım.

55 yıldır devam eden, safların kimi zaman netleştiği, kimi zaman karıştığı bu bilmecenin sonucunun laikçi, oligarşik cumhuriyet taraftarlarının aleyhine, laik ve demokratik yolda ilerleyen, hak, hukuk, adalet ve demokrasi diyen ve büyüyen bir Türkiye özlemini çeken milletimizin kazanmasını temenni ediyorum.

Sözün özü milli şairimiz Mehmet Akif'in, "*Ders alınsaydı eğer, tarih tekerrür eder miydi*" dediği gibi, AKP iktidarı ve milletçe iç ve dış, açık ve gizli mihraklarca yeniden tezgâhlanan PKK ve her türlü terör ve sözde irtica (!) belasını bu sefer AB yolunda ilerlerken daha demokratik bir açılımla geçmeyi başarırsak, Türkiye'nin 21. yüzyılın ilk yirmi yılında dünyanın ilk 10 ülkesinden biri haline geldiğini hep birlikte göreceğiz. Yoksa... Bu ihtimali düşünmek bile istemiyorum...

Halit Esendir
hesendir@hotmail.com
17 Aralık 2005 - Çamlıca – İstanbul

BİRİNCİ BÖLÜM
OSMANLI'DAN MODERN TÜRKİYE'YE

İttihat ve Terakki Geleneği ve Osmanlı'dan Cumhuriyet'e Geçiş

Osmanlı Devleti'ni 33 yıl ayakta tutan, Batılıların birbirine karşı olan ihtilaflarını kullanabilen, dâhi seviyesinde bir siyaset adamı olan II. Abdülhamit'tir. Başta askerî ve eğitim sahasında olmak üzere bir dizi Batı kaynaklı yeniliği Osmanlı'ya getiren yine II. Abdülhamit olmuştur. Ne var ki Osmanlı Devleti'nin bu dirayetli padişahı 1908'de İttihat ve Terakki Cemiyeti'nin kurucu liderleri Enver, Talat ve Cemal Paşalar tarafından devrilmiştir. Selanik'e sürgün edilen II. Abdülhamit'in yerine geçen siyasi gücü ve otoritesi olmayan, icra yetkileri elinden alınmış olan kardeşi Sultan Reşat'ın padişahlığı döneminde ise II. Meşrutiyet ilan edilmiştir. Devlet yönetiminde yapılan bu müdahalelerin sonuçları itibariyle en çarpıcı olanı ise, İttihat ve Terakki'nin 1912'de Hürriyet ve İtilaf Fırkası'nı Osmanlı Mebusan Meclisi'nden tasfiye ederek yönetimi tamamen eline geçirmesi olacaktır.

Bu dönemde ordu içerisindeki ihtilaflar sebebiyle Balkan Savaşları'ndan mağlup çıkılmakla beraber, alınan basiretsiz kararların neticesinde hali hazırda zayıf düşmüş Osmanlı Devleti 13 cephede birden Almanlar safında savaşmak zorunda bırakıldı. Nitekim I. Dünya Savaşı'nın sonunda imzalanmak zorunda kalınan Mondros Mütarekesi'yle 600 yüzyıllık devletin parçalanmasına sebebiyet verildi. İstanbul hükümetinin imzaladığı Sevr Antlaşması'yla işgal kuvvetleri Anadolu'ya kadar uzanacaktı.

Artık, elde kalan son vatan toprağını düşman istilasından kurtarmak, *"Kuvvayı Milliye"* hareketleri içerisinde örgütlenen bizzat Anadolu halkının kendisine düşmüştür. Bu hareketler, tüm Anadolu halkını, Yusuf Akçura'nın tarifiyle, üç tarz-ı siyaset'ten medet umanların tümünü bir araya getiriyordu. *Sosyalistler*, Rusya'daki 1917 Komünist devriminin Türkiye'de gerçekleşmesini istiyordu. *Türkçüler*, "millî bir devlet" için yabancı ırk ve unsurların Anadolu'dan temizlenmesini istiyordu. *İslamcılar* ise, ne olursa olsun, bin yıllık Anadolu Müslümanlığının bekası için her türlü fedakârlığa razıydı. Anadolu halkının tek istediğiyse ülkenin işgalden kurtulmasıydı.

19 Mayıs 1919'da Mustafa Kemal'in Samsun'dan Anadolu'ya ayak basmasıyla başlayan Milli Mücadele hareketi Sivas ve Erzurum Kongreleri ile belirlenen Misak-ı Milli sınırları ile Kurtuluş Savaşı'nın hedefini de tayin ediyordu.[1] Bu çerçevede 23 Nisan 1920'de Misakı Milli sınırları içinde kalan her vilayetten temsilcilerin katıldığı Büyük Millet Meclisi, "*Hâkimiyet kayıtsız şartsız milletindir*" prensibi doğrultusunda, "*Hilâfet ve saltanatın, vatan ve milletin kurtuluş ve istiklâlinden ibaret olan gayesine ulaşıncaya kadar fasılasız toplanacak*" kararı ile Cuma namazı sonrasında Ankara Ulus'taki ilk binasında dualarla açılmıştı.

İlk Meclisin Feshi ve Sonrası

Osmanlı Devleti'nin I. Dünya Harbi'ne girerek dağılmasına sebebiyet veren İttihat ve Terakki Cemiyeti içerisinde Harbiye Nazırı Enver Paşa muhalifleri, başta Mustafa Kemal olmak üzere, Mareşal Fevzi Çakmak, Kazım Karabekir, Ali Fuat Cebesoy, Rauf Orbay ve diğer silah arkadaşları tarafından Anadolu'da başlatılan bağımsızlık hareketi milletin topyekûn desteğine sahipti. Atatürk'ün başkanlığında toplanan Büyük Millet Meclisi, Anadolu'da Kuvvayı Milliye hareketinin otoritesini sağlamak

1 Sivas ve Erzurum Kongreleri'nde belirlenen Misak-ı Milli sınırları Büyük Millet Meclisi'nin yanı sıra, son Osmanlı Meclis-i Mebusanı tarafından da aynen kabul edilmiştir.

için Ekim 1920'de Belediye seçimlerini yapmış ve Anadolu'da kaymakam ve idareciler tayin etmişti.

Atatürk'ün başkanlığında kurulan ilk Büyük Millet Meclisi ile Milli Mücadele hareketi 26 Ağustos 1922'de kazanılan Büyük Zafer'e kadar devam etmiştir. Büyük Zafer öncesinde Meclis'te meydana gelen çeşitli gruplaşmalar Mustafa Kemal'in 10 Mayıs 1921'de Müdafaa-i Hukuk Grubu'nu kurmasıyla gözle görünür hale gelecektir. Bu grubun karşısında her türlü şahsi istibdada karşı olan, şahsi hâkimiyetler yerine kanuni hâkimiyetleri getirmeyi hedef alan ikinci grup yerini alır. Şüphesiz o dönemde halk bu tür gruplaşmaların uzağındaydı. Nitekim o günleri, DP iktidarında Başbakan Yardımcı olan Samet Ağaoğlu kitabında şöyle dile getirmektedir: "*Birinci grup Milli Mücadeleden sonra Atatürk ve çevresinin yollarını önceden tespit etmek istiyordu. Atatürk ise geleceğe ait düşüncelerini gerçekleştirecek kadrosunun çekirdeği olarak Meclis içersinden birinci grubu kurmuştur. İleride bu gruptan 19 Eylül 1923'te Halk Partisi oluşacaktı. Bu gruplaşmalardan ise halkın haberi yoktu. Halkın bildiği sadece dış düşman ile savaş yapıldığıydı, arzusu da zaferi kazanmak!*"[2]

Son Osmanlı Meclisi Mebusanı'nın 18 Mart 1920'de kapanmasının akabinde kazandığı zaferle tartışılmaz bir biçimde otoritesini kuran Ankara'daki Büyük Millet Meclisi öncelikle saltanat ve hilafet makamlarını birbirinden ayırarak hilafetin dini bir makam olarak devamına karar vermiş ve Kasım 1922'de saltanatı da kaldırarak Osmanlı Devleti'nin son emarelerini de yok etmiştir... Ne var ki ortadan kaldırılan sadece saltanat makamı olmamış, Samet Ağaoğlu'nun bahsi geçen eserinde bir "niyabet meclisi"[3] olarak tanımladığı 1. Meclis de Kurtuluş Savaşı'nın

---

2 Samet Ağaoğlu, DP Doğuş ve Yükselişi, Baha Matbaacılık, sf. 16–17, 1972.

3 Samet Ağaoğlu, age, sf. 18, 24.

kazanılmasından kısa bir süre sonra ömrünü tamamlamıştır. Kurulan genç cumhuriyetin, çağdaş Batı ülke normlarına göre devam etmesi için gerekli reformların ciddi bir muhalefetin oluştuğu 1. Meclis ile başarılamayacağına karar veren Mustafa Kemal ve yakın çevresi 120 milletvekilinin imzası ile verilen teklif neticesinde, Meclisi çoğunluğun kararıyla 1 Nisan 1923'de feshetti.

Samet Ağaoğlu bahsi geçen eserinde, *"Padişahlık kaldırılınca bu devlet şekli devam edemedi. Atatürk 1. Meclisin dağılma kararından kısa bir süre sonra 8 Nisan 1923'te meşhur 9 umdeyi ilan etmişti... Bu umdelerden ikincisinde Hilafetin en yüksek dini makam olarak korunacağı açıkça yazılmaktaydı. Bu 9 umde 1927 yılına kadar Atatürk CHP'sinin umdeleri olmuştur... 1923'te yapılan Yeni Meclis seçimlerine Anadolu ve Rumeli Müdafaai Hukuk Cemiyeti adına adaylar göstererek girdi..."*[4] demektedir.

Halkın oy kullanmadığı, illerdeki eşraf ile Anadolu ve Rumeli Müdafaai Hukuk Cemiyeti liderlerinin onayından geçerek Meclis'e gelen temsilcilerden oluşan 2. Meclis 11 Ağustos 1923'te açılmıştır. Bu mecliste tek muhalif, Atatürk'ün belirlediği adaylar dışından kazanan Gümüşhane Bağımsız Milletvekili Zeki (Kadirbeyoğlu) Bey'dir. 1. Meclisteki muhalifler bu seçimlerde aday göstermemiş ve seçimleri bir nevi boykot etmişlerdir.

29 Ekim 1923'te Cumhuriyet'in ilanı ile sonuçlanan bu süreçte, ilk kez 8 Ocak 1920'de Ankara'ya giden, daha sonra dönemin Ali Rıza Paşa hükümetinin Harbiye Nazırı olan Fevzi Paşa'nın çağrısı üzerine İstanbul'a gitmesine karşın tekrar Mustafa Kemal'in isteği üzerine İstanbul'la bağlarını kopararak Ankara'ya

4 Samet Ağaoğlu, age, sh. 18, 24, 1972.

gelen İsmet İnönü de Mustafa Kemal'le yakın siyasal işbirliği içerisindeydi. Nitekim 30 Ekim'de İlk Cumhuriyet hükümetini kurma görevi de Atatürk tarafından kendisine verilecekti. Aynı zamanda, daha sonra Cumhuriyet Halk Partisi adını alacak olan Halk Fırkası'nın da Genel Başkanvekilliği'ni üstlenen İsmet İnönü, Atatürk'ten sonra ikinci adam olarak, gerek hükümet gerekse parti üzerinde otorite kurma olanağı da elde ediyordu.

Ne var ki yeni Meclis, bazı uygulamaları nedeniyle gerek toplum gerekse bizzat Kurtuluş Savaşı'nı kumanda eden isimlerden gelen tepkilerden kurtulamayacaktı. Yapılmak istenen değişiklikler ıslah etme noktasından ziyade devrimci bir mantıkla tamamen eskinin reddedilmesi esası üzerinden yürütülmek istenince geniş halk kitleleri bunları din dışı uygulamalar olarak algılıyor, bunun neticesinde destek bulamayınca devrimler baskı ve yıldırma politikalarıyla topluma empoze edilmeye çalışılıyordu. (İstiklal Mahkemeleri, Takrir-i Sükûn Kanunları ve Jandarmanın baskıları gibi.)

Halk nezdinde bunlar olurken Ankara'daki tartışmaların odağında hilafet ve cumhurbaşkanının yetkileri vardı. 1922 Kasım'ında halifelik, saltanatın kaldırılması sırasında, *"Türkiye Büyük Millet Meclisi'ne dayanan halifeliğin Müslümanlar arası yüksek bir makam olduğu"* kararıyla siyasi konumundan arındırılmıştı. Buna rağmen, hilafet makamının 1924'te kaldırılması ve son Halife Abdülmecit'in Türkiye'den aniden sürülmesi, millette hayal kırıklığına sebep oluyordu. İslam dünyası ise bu gelişmelere bir mana veremiyordu.

Hatta Atatürk'ün çevresindeki eski silah arkadaşları Kazım Karabekir Paşa, Ali Fuat Cebesoy, Refet Bele, Cafer Tayyar Paşa, Nurettin Paşa, Rauf Orbay, Adnan Adıvar gibi isimler arasında bile tepkilere sebep oluyordu. Alınan kararlarla hanedan mensuplarının gerek Vahdettin gibi kendi kararlarıyla gerekse alınan sürgün kararlarının neticesinde Türkiye'den ayrılmalarının paralelinde ortaya çıkan tartışmalar 1924 Anayasası'nın görüşüldüğü günlerde cumhurbaşkanının yetkileri konusu etrafına odaklanıyordu.

1924'te Kuvvetler Birliği prensibine göre Kanuni Esasi (Anayasa) hazırlanırken Samet Ağaoğlu babası Ahmet Ağaoğlu'nun bir hatırasını şöyle aktarmaktadır: "*1924 Anayasası'nın esasları Atatürk'ün başkanlığında özel bir komisyonda hazırlanırken babamın bazı tereddütleri karşısında Atatürk, 'Ahmet Bey dilinin altındakini söyle' diyor. Babam, 'Peki söyleyeyim, kuvvetlerin beraberliği sistemi sonunda saltanat-ı ferdiyeye müncer olur, -fert saltanatına varır-' cevabını veriyor. Babam sırf bunun içindir ki bu kanunun Mecliste müzakeresinde hemen hemen söze hiç karışmadı. Çünkü esasına karşı idi.*"[5]

20 Ekim 1924 tarihinde Menteşe Milletvekili Esat Efendi'nin, Mübadele İmar ve İskân Vekili Refet Bey'e yönelttiği soru önergesi ve beraberindeki gelişmeler yeni cumhuriyetin ilk muhalefet partisinin de önünü açacaktır.

26 Ekim 1924'te de Kazım Karabekir Paşa, "Ordunun geliştirilmesi için verdiği raporların göz önüne alınmadığını" ileri sürerek milletvekilliği görevine döneceğini bildirerek ordu müfettişliğinden istifa etmiştir. Onu 30 Ekim 1924 tarihli istifasıyla Ali Fuat Paşa izler. 8 Kasım 1924'te hükümet için yapılan güven oylamasında, 19 güvensizlik oyuna karşılık 148 oyla güvenoyu alınmış ve 41 milletvekili de oylamaya katılmamıştır. Bu olaylar üzerine hükümete güvensizlik oyu verenlerin Halk Fırkası'nda kalamayacağı söyleniliyor ve yeni bir partinin kurulmasına kesin gözüyle bakılıyordu. Bu gelişmeler neticesinde Terakkiperver Cumhuriyet Fırkası (TCF) 17 Kasım 1924 günü resmen kurulmuştur. Mustafa Kemal, silah arkadaşlarının, "*Paşam,*

5 Samet Ağaoğlu, age, sf. 44–45.

siz başımızda cumhurbaşkanı olarak kalın, CHP'ye girmeyin; bizler aramızda anlaşamazsak siz hakem olun" tekliflerini geri çevirerek CHP'nin başına geçmesine karşın, TCF'nin kurulup çok partili sisteme geçilmesini de onaylamıştır. Partinin başkanlığına Kazım Karabekir Paşa, başkan yardımcılıklarına Dr. Adnan Adıvar ve Hüseyin Rauf Bey, genel sekreterliğine Ali Fuat Paşa getirilmişti. Terakkiperver Cumhuriyet Fırkası'na katılan 2. Mecliste bulunan milletvekili sayısı 29 olur. Parti ilk şubesini Urfa'da açmış, bunu Sivas, İstanbul, İzmir, Ordu ve Trabzon izlemiş ve daha sonrada diğer vilayet ve şehirlerde teşkilatlanmasını sürdürmüştür.

1. Meclis döneminde Mustafa Kemal Paşa'nın yakın çalışma arkadaşları olan ve hemen hemen tamamının Birinci Grup içerisinde etkin rol oynayan kişilerden oluşan yeni parti, halktan geniş bir destek gördüğü gibi, üyelerinin büyük bir kısmı 1923 seçimleriyle meclis dışında kalan Atatürk'e muhalif olan İkinci Grup'un da desteğini kazanmıştı. İkinci Grup'un 2. Meclis dışında kalmış olan, 1. Mecliste yer alan eski isimlerinin birçoğu Terakkiperver Cumhuriyet Fırkası'na girmişlerdi. Kendi yayın organı olmayan bu partiye İstanbul basını yakın bir alaka göstermiş ve bunu geniş ölçüde desteklemiştir.

Ne var ki Bingöl Ergani'ye bağlı Piran köyünde iki firarinin jandarmaya geri verilmemesi üzerine patlak veren çatışmalarla başlayan *Şeyh Sait Ayaklanması* hem TCF'nin hem de çok partili sisteme geçişin önünü kesen gelişmelere bahane olacaktı. İsmet Paşa, rakip olarak gördüğü TCF'yi kapatmak için Halk Fırkası'nın meclis grup toplantısında ülkede sıkıyönetim ilân edilmesi konusundaki istediği yetkileri Atatürk'ün kabul etmemesi üzerine 8 Kasım 1924'te başvekillikten istifa eder. 21 Kasım 1924'te Fethi Okyar'ın kurduğu yeni hükümet TCF mensubu milletvekillerinin de desteğini alır.

Şeyh Sait Ayaklanması sürecinde TCF, mecliste CHP'ye karşı ortaya koyduğu muhalefetten ötürü isyancılara cesaret verdiği bahanesiyle Fethi Okyar'ın Başbakanlığı sırasında meclis kararı ile kapatılır. Bitlis'te başlayan ayaklanmanın doğudaki diğer illere yayılması üzerine, Fethi Okyar kabinesi istifa etmesi sebebiyle 3 Mart 1925'te İsmet Paşa Atatürk tarafından yeniden hükümeti kurmakla görevlendirilir.

İsmet İnönü Hükümeti, meclisten güvenoyu aldığı gün, ilk tedbir olarak İstiklal Mahkemeleri'nin yolunu açan *Takrir-i Sükûn Kanunu*'nu çıkarmıştır. Ayaklanmayı sert askeri tedbirlerle bastırma yolunu seçen hükümet Takrir-i Sükûn Kanunu'na dayanarak İstanbul'da bir dizi muhalif gazete ve dergileri de kapatmış, dolaylı olarak Doğu İsyanı'nı kışkırttıkları gerekçesiyle kimi gazetecileri de tutuklatmıştır.

Terakkiperver Cumhuriyet Fırkası'nın kapatılmasının ardından hem ilk meclisin hem de Terakkiperver Cumhuriyet Fırkası'nın da üyesi olan ve Atatürk'e karşı planlanan İzmir suikastını itiraf eden Ziya Hurşit yüzünden, daha önce kapatılan TCF Parti kurucularının da İstiklal Mahkemeleri'nde yargılandığını, kiminin asıldığını, kimininse yurt dışına kaçtığını, Atatürk'ün araya girmesi ile silah arkadaşlarının beraat ettiğini ama yıllarca Atatürk'le bir araya gelemedikleri bilinmektedir. Kazım Karabekir Paşa on yıl evinden dışarı çıkmamıştır.

Atatürk'ün silah arkadaşlarının devre dışı kalmasıyla 1925'ten sonra, yeni devletin ve tek parti yönetiminin oluşumunda Mustafa Kemal ile birlikte Milli Şef İnönü en önemli siyasal kişilik olarak belirdi. Neticede, Atatürk dönemindeki ilk muhalefet parti denemesi hüsranla sonuçlanmıştı.

Serbest Cumhuriyet Fırkası'nın Kurulması

Atatürk'ün sofrasında Yalova'da kurulmasına karar verilen ikinci muhalefet partisi Serbest Cumhuriyet Fırkası'dır (SCF). Samet Ağaoğlu, o günlerde Serbest Cumhuriyet Fırkası'nın kuruluş hikâyesini şu satırlarla anlatmaktadır: "*Atatürk bu yıllarda*

(1929–30) *tek parti gibi olmaması için Halk Partisi'nin kurucuları içinde olan Fethi Okyar, Nuri Conker, Ahmet Ağaoğlu, Tahsin Özer ve arkadaşlarına Serbest Cumhuriyet Fırkası'nı kurdurur. Bunlar resmi kuruculardır, esas kurucu ise Atatürk'ün kendisidir... Tatil için gelen Paris Büyükelçisi Fethi Okyar, kendisini birdenbire muhalefet partisinin başında bulur. Atatürk ona bu vazifeyi vermiştir (...) Milli şairimiz, siyasetle ilgisi pek olmayan Mehmet Emin Yurdakul da kendisini Serbest Fırka içinde buluyor. Atatürk'ün senli benli arkadaşı Nuri Conker Serbest Fırka'da Atatürk'ün emri ile yer alıyor... Atatürk'ün kız kardeşi Makbule hanım'a da ağabeyi* (Atatürk) *karşıma geç diyor. İşte böylece Yalova'da bir akşam yemeğinde aynı kalem Atatürk'ün* ve Parti kurucusu *Fethi Okyar Beyin ağzından aynı üslupla birer mektup yazıyor.* (Mektup, Makbule Hanıma Serbest Fırka'ya girmesi için yazılıyor) *Bu kalemin sahibi de İsmet İnönü, Başvekil."* [6]

Partinin kurulmasının üstünden daha üç ay geçmesine karşın, CHP içerisindeki muhalif sesler ve meclis içinden diğer milletvekilleri ile halkın kurulan yeni partiye yoğun ilgisi Başbakan İnönü ve çevresini yeniden ciddi ölçüde endişelendirmeye başlamıştı. Zabitvekili Mustafa Fehmi Kubilay'ın öldürüldüğü, yapanların kim olduğu hâlâ tartışılan, CHP'lilere göre irticai ayaklanma, başta Necip Fazıl olmak üzere bazılarına göre ise yeni kurulan (SCF) muhalefet partisini ortadan kaldırmak için Başbakan İnönü CHP'sinin komplosu olarak kabul edilen *Menemen Olayı* bahanesiyle mecliste yapılan sert tartışmalar sonrasında Atatürk'ün işareti ve Fethi Okyar'ın kendi talebi ile SCF kapatılır.

Bahsi geçen eserinde Samet Ağaoğlu Serbest Cumhuriyet Partisi'nin kapatılmasını anlatırken şöyle demektedir: "*Yarı komedi*

6 Samet Ağaoğlu, age, sf. 27.

yarı trajedi olan bu Serbest Cumhuriyet Parti macerasına inananlar kaybediyor... Halktan ve meclisten bu işe inananlar mağdur oluyor. Ama parti kurarken baştan muvazaalı olanlar, başkan Fethi Okyar ve Atatürk'ün yakın arkadaşı Nuri Conker yine Atatürk'ün yanında ve sofralarında yerini alıyorlar..."[7]

Halk Partisi'ndeki İnönü muhalifleri SCF'ye geçtikleri için yeni partinin kapanmasıyla devre dışı kalırlar. Böylece Atatürk'ün ikinci demokratikleşme adımı da Milli Şef İnönü'nün uyguladığı ince siyaset ile başarısız olmuştur. Daha da önemlisi, çok partili yapıya geçmeye çalışan Atatürk, etrafında oluşan bazı siyasi mülahazaları aşamadığı için, kurduğu CHP, Atatürk'ün vefatından bir sene öncesine kadar tek sesli, Milli Şef İsmet İnönü kontrolündeki bir parti haline getirilmiş olacaktı.

İnönü, Eylül 1937'de Atatürk'le aralarındaki bazı görüş ayrılıklarından dolayı yaşanan bir tartışmanın akabinde, Atatürk'ün isteğiyle, başbakanlık görevinden ikinci defa istifa eder. Görüş ayrılıkları büyük ölçüde İnönü'nün aşırı devletçilik uygulamalarından doğmuştur. Devletçilik uygulamalarının İnönü'nün düşündüğü biçimde genişletilmesine karşı olan Atatürk kendisi ile aynı görüşü paylaşan iktisat vekili olan Celal Bayar'ı İnönü'ye karşı siyasal bir seçenek olarak görüyordu. Atatürk, İnönü'yü cumhuriyet tarihinde ikinci kez başbakanlık görevinden alınca yerine Celal Bayar'ı Başbakan olarak vazifelendirdi.

13 yıldır kullandığı CHP Genel Başkanvekili yetkileri de elinden alınan İnönü'nün CHP ile bütün bağları adeta koparılmıştı. Atatürk'ün ölümüne kadar süren bu 14 aylık dönemde, sadece TBMM çatısı altında Malatya Milletvekili olarak görev yaptığı bu dönem İsmet İnönü için çok sıkıntılı geçmiştir.

---

7 Samet Ağaoğlu, age, sf. 28.

Başbakanlığı devri sırasında, "*Hayatım bağışlandı mı?*" sorusunu Celal Bayar'a sorduğu iddia edilen İnönü'nün yaşadıklarını Atatürk'ün yaveri Hasan Rıza Soyak'ın bizzat kendisine bildirdikleri üzerinden kaleme alan Samet Ağaoğlu şu satırlarla anlatmaktadır: "*Atatürk beyaz trende siroz rahatsızlığının ileri safhasında iken yine içkiyi fazla kaçırınca İnönü, 'Paşam ülke meseleleri böyle içkili ortamda idare edilmez' demesi üzerine Atatürk, 'Seni de böyle bir içki masasında başbakan yapmıştım' diyerek İnönü'ye kızar. Çok korkan İnönü sabaha kadar Atatürk'ün kaldığı kompartımana kadar özür ifade eden mektuplar gönderir ama Atatürk cevap bile vermez. Mektupları okur ve yaveri Hasan Rıza'ya verir. İnönü, Cumhurbaşkanı olup Çankaya'ya çıkınca Yaver H.R. Soyak'a bu mektupları sorar, mektupları saklayan yaver bunları İnönü'ye geri verir ve İnönü yazdığı bu mektupları sevinç ile birer birer yırtarak yok eder.*"[8]

CHP'nin 1927 seçimleri öncesine kadar var olan 9 umdeden 3 umdesi "*Hilafetçilik, Köylücülük ve Saltanatçılık kabul edilemez*" ilkeleri iptal edilerek 9 umde yerine ikame edilen 6 umde bugün hâlâ CHP'nin kullanmaya devam ettiği umdeleri olan "*Laiklik, Halkçılık, Milliyetçilik, Devletçilik, Devrimcilik, Cumhuriyetçilik*" 6 ok hedefleridir. 1927'de 6 ok umdeli partiye dönüşen CHP'nin belirlediği adaylardan oluşan 3. Meclis açılmış, meclisler Atatürk'ün ölümüne kadar bu şekilde belirlenmiştir. İnönü döneminde de aynı uygulama halkın ilk defa oy kullandığı "*açık oy, gizli tasnif*" ile yapılan antidemokratik 1946 seçimlerine kadar devam etmiştir.

1946 yapılan seçimlerde ilk defa halkın verdiği açık oy ve gizli sayım(!) şeklinde serbest seçimler yapılmıştır. Oktay Ekşi babasının milletvekili olamayışı ile ilgili anlattığı o günlere ait

8 Samet Ağaoğlu, age, sf. 148–149.

hatıratında şunları söylemektedir; "*Atatürk'ün ölümünden sonra yapılan ilk milletvekili seçimlerinde babam Trabzon milletvekili oldu. 1939'da Ankara'ya taşındık... 1943 seçimlerinde de babamın Ordu milletvekili olarak belirlenen ismi İnönü'nün onayına rağmen Trabzon'dan Ankara'ya evraklar götürülürken yolda ismi listeden silinip başka birisinin adı yazılınca babam milletvekili olamadı. Radyodan isimleri dinliyoruz babamın adı okunmayınca ailecek şok olduk. Babamın yerine Muammer Nimbıyık yazılmış ve bu zat 1943'te Babamın yerine milletvekili oldu. Ankara'da 8 ay çok sıkıntılı günler geçirdik. TMO'inde Babama memurluk verilerek Sivas'a gönderdiler.*'[9]

Milli Şef Dönemi

Atatürk'ün 10 Kasım 1938'de ölümü üzerine, 1937 yılında başbakan olarak atanan Celal Bayar'ın teklifine ve meclisin çoğunluğu tarafından ordudan ayrılıp cumhurbaşkanlığı makamına geçmesi yönündeki isteklere rağmen Genelkurmay Başkanı Mareşal Fevzi Çakmak bu teklifi kabul etmedi. Atatürk'le İnönü'nün son zamanlarda aralarında geçen ve İnönü'nün başbakanlıktan alınmasına da sebep olan da dâhil olmak üzere bütün olumsuz olayların farkında olmasına rağmen Mareşal Fevzi Çakmak, tercihini İsmet İnönü'nün Cumhurbaşkanlığı yönünde kullanmıştı. Bu, Atatürk'ün kurduğu Laik Cumhuriyetin, İnönü tarafından Oligarşik Cumhuriyet çizgisine doğru çekilmesinin de başlangıcı oldu.

1939 yılı içerisinde istifasını sunan ezeli rakibi Başbakan Celal Bayar'ı da tasfiye eden Cumhurbaşkanı İnönü'nün kurdurduğu yeni hükümetler daha katı devletçi ve baskıcı uygulamaları başlattı. Halk tek parti yönetiminin idarecilerinden, görevini

---

9 Oktay Ekşi, Babıâli'nin Meşhurları, Halit Esendir, Yayınlanacak.

kötüye kullanan bazı jandarma ve sivil idarecilerden ve köylere kadar gelerek mahsulden zorla öşür alan vergi tahsildarlarının baskıcı davranışlarından adeta bunalmıştı.

Eğitim sistemi üzerinden empoze edilmeye çalışılan evrim teorisi, sosyalist ve ateist öğretiler; yeni yetişen nesillerin okullarda tamamen dindışı ve dini değerlere karşı fikirlerle yetiştirilmeye çalışılması şeklinde yansımıştı. Din bu dönemde tamamen toplumsal yaşamdan soyutlanıp vicdanlara hapsedilmek istenmişti. Camilerin çoğu kapatılmış, Osmanlı döneminden kalan tarihi camilerin onarımı engellenerek harap hale gelmesine göz yumulmuştu. Birçok vakıf malı yağmalanırcasına satılmış veya el konulmasına göz yumulmuştu. Toplumsal hafızada yer eden en acı uygulamalardan bir tanesi de şüphesiz ezanın Türkçeye çevrilerek, "*Tanrı Uludur, Tanrı uludur...*" şeklinde okutulmasıydı. Bütün bunların üstüne milletin çocuklarına açık kalan bazı camilerde bile Kur'an öğretemediği, Kur'an öğreten hocaların köy ve kasabalarda bile jandarma baskınlarına maruz kaldığı gerçeği halkın hafızasından uzun yıllar geçmesine rağmen asla silinmedi.

Yapılan bu değişiklik harekâtından, ölmeden önce İsmet İnönü ile arası açılmış bulunan Atatürk de nasibini alacaktı. Devlet dairelerinden ve Türk parasından Atatürk'ün resimleri kaldırılarak Milli Şef İnönü resimleri konuldu. İnönü, Atatürk'ün kapattığı Mason Locaları'nın tekrar açılmasına izin verdi. Atatürk'ün çeşitli sebeplerle etrafından zaman içerisinde uzaklaştırdığı birçoğu başta mason, ateist kişiler olmak üzere eski silah arkadaşları da dâhil herkesi yanına çekti. Buna karşın, Atatürk'ün ölünceye kadar yanından ayrılmayan başta Mareşal Fevzi Çakmak olmak üzere kimi isimleriyse etrafından uzaklaştırdı. İnönü kendisini Cumhurbaşkanı yapmak için destek veren ve Meclise baskı yapan Mareşal Fevzi Çakmak'ı bile 1942'de emekliye sevk ederek ordu üzerinde hâkimiyetini kurmuştur. İnönü'nün yukarıda anlattıklarımızdan yaptığı tek doğru davranış ise Atatürk'ün eski silah arkadaşlarını tekrar onurlandırmasıdır.

Cumhurbaşkanı İnönü artık 1972 yılında istifa edeceği CHP'nin Genel Başkanlığı'nı da elde etmekle kalmamış, bir yandan anti-demokratik esaslarla belirlenen seçim sistemleriyle muhalefete söz hakkı tanımayan bir siyasal düzen[10] ile İslam'ı esas alan Osmanlı Devleti'nden, 1923'te kurulan dine ve dini değerlere karşı mesafeli duran Türkiye Cumhuriyeti'ne geçiş, 1938'de Atatürk'ün ölümünden sonra İsmet İnönü'nün iktidara gelmesi ile din dışı uygulamalar daha da katılaştı. İnönü, dini sadece siyasal değil toplumsal hayattan da dışlamaya çalışan laikçi (Laicist) cumhuriyetin de "Milli Şef"i olmuştur. Ne yazık ki, insan hak ve hürriyetleri, din ve vicdan hürriyetinin esemesinin görülmediği bu dönem Anadolu'nun birçok şehir ve kasabasında yaşayan vatandaşlarımız için devletin ve onun temsilcisi olarak karşısında gördüğü jandarmanın korkuyla eş anlamlı algılandığı, bir *Milli Şef* dönemi olarak tarihe geçti.

İşin kötüsü, II. Dünya Savaşı yıllarında ekonomik zorluklar da gittikçe artmaktaydı. Halk adeta yoksulluk sınırında yaşamaya başlamıştı. Bu savaş yıllarında Türkiye savaşa dâhil olmadığı halde ekmek karneye bağlanmış, temel ihtiyaç maddeleri karaborsaya düşmüş, hatta bulunamamıştır. Halk Parti'nin her seviyedeki yöneticileri ve devlet memurları hariç bu dönemde milletçe çok sıkıntılar çekilmiştir.

Bütün bu menfi icraatlarına rağmen, Cumhurbaşkanı İsmet İnönü'nün dış siyaseti sayesinde Türkiye II. Dünya Savaşı'na girmedi. Savaş sonrası, Rusya'dan gelen Kars ve Ardahan'ın geri verilmesi talebi yüzünden Türkiye, güçler dengesindeki safını ABD ve Batı cephesi olarak belirledi. Bu Batı demokrasinin gereği olan çok partili seçimlerin de benimsenmesinin yolunu açacaktır.

---

10 CHP'nin belirlediği isimlerin delegeler tarafından tasdik edilip, tabiri caizse atanmasıyla gerçekleşen 1927 seçimlerinden, halkın ilk defa oy kullandığı (!) açık oy, gizli tasnif esasına göre gerçekleştirilen 1946 seçimlerine kadar herhangi bir muhalif oluşuma hakiki manada hayat hakkı tanınmamıştır.

1945'te kurulan Kalkınma Partisi ile 7 Ocak 1946'da CHP'den ayrılan Celal Bayar, Adnan Menderes, Fuat Köprülü ve Refik Koraltan tarafından kurulan Demokrat Parti bu dönüşümün öncüleri olacaktı. Halkın ilk defa sandık başına giderek oy kullandığı fakat açık oy ve gizli sayım(!) esasına göre gerçekleştirilen Temmuz 1946 seçimlerinde tüm engellemelere rağmen Demokrat Parti 66 milletvekili ile meclise girmeyi başarmıştır. DP iktidarı döneminde Başbakan yardımcısı olarak vazife yapan Samet Ağaoğlu yazdığı *Demokrat Parti'nin Doğuş ve Yükseliş Sebepleri* isimli kitabında 1946 seçimleri öncesinde hem Milli Şef Dönemi'nin acı hatıralarını, hem de bu sancılı geçişi Ankara Bala ilçesinin bir köyünde yaşadığı bir seçim gezisi hatırasında şöyle anlatmaktadır: "*Bala'nın bir köyünde köy odasında oturuyoruz. Jandarma çavuşu da yanımızda. Köylü bize, biz onlara bakışıyoruz.*

Çavuş, "Konuşun. Ne derdiniz varsa söyleyin, işte beyler sizi dinlemeye gelmişler."

Çavuşun dudaklarında ince, küçültücü, alay eden bir gülümseme. Elindeki kırbaçla çizmelerine hafif hafif vuruyor. Orta yaşlı bir köylü başını salladı: "Doğru söylersin Çavuş. Fakat bu beyler gidince şu kırbacı sırtımızda şaklatacaksın!"

Yine susuyorlar. Biraz sonra bir başka köylü; "Ne diyelim beyler, er şeyin bir vadesi var. Bugünkülerin vadesi geldi galiba."[11]

Cumhurbaşkanı İsmet İnönü ilk defa yapılan 1946 çok partili seçimlerinden sonra CHP içindeki katı devletçi Recep Peker'i başbakan yapmıştı. Fakat DP'nin tepkileri ve halktan gelen çeşitli rahatsızlıklar sebebiyle kısa bir süre sonra Peker'in istifasını kabul etmek zorunda kaldı. Daha sonra, kısa sürelerle başbakanlık görevi verdiği CHP'nin genç kurmayları olan Nihat Erim,

11 Samet Ağaoğlu, age, s. 7.

Tahsin Banguoğlu, Cemil Said Barlas ve Sadi Irmak'tan da bir sonuç alamadı. Mecliste etkili bir muhalefetin varlığı, halkın yoksulluk sınırına gelmesi ve dini hürriyetlerin tamamen sınırlandırılması[12] halk nezdinde CHP'ye karşı ciddi tepkiler meydana getiriyordu. Buna karşın CHP halkın tercihini bir türlü içine sindirememekteydi.

Mecliste geçen bir oturumdaki tartışma tutanağı CHP'nin DP'ye bakışını açık bir biçimde gözler önüne sermektedir. Mecliste yapılan sert tartışmalardan birisinde, İstiklal Mahkemeleri'nin eski üyelerinden CHP'li Süreyya Özgeevren, DP'lileri şöyle itham ediyordu: "*Demokratlar şeriatın yabancı bayrağı altında, şeriatçılardan tutunuz da beynelmilel yıkıcılara kadar her türlü istek ve inanç sahiplerine partilerinde aynı yeri vermekte tereddüt etmediler.*"

DP'liler, *"Yalan! Yalan!"* diye tepki göstermişlerse de CHP karşı tavrına ısrarla devam etmiştir. Celal Bayar bile, bu ithamlar karşısında, partinin kongresinde şöyle cevap veriyordu: "*Laiklik dinsizlik değildir. Şunu da söyleyeyim ki, Türk ulusu Müslüman'dır, Müslüman kalacaktır. Tanrısına Müslüman olarak gidecektir. Bu nedenle de din öğretimi önemlidir. Biz dinin siyasete alet edilmesine şiddetle karşıyız. Gericiliğin de şiddetle karşısındayız.*"

Bu durum, giderek çatışmaya vardı ve CHP, 46 seçimlerinde sandıktan 1. parti olarak çıkmasını engellediği DP'ye karşı saldırıya geçti. Başbakan Recep Peker'in ihtilalci mantığı ile Adnan Menderes'e, TBMM kürsüsünden "*Psikopat!*" diye hitap etmesi iktidar ile muhalefetin köprüleri atmasına sebep olmuştu. 1947

---

12 1924'te Tevhid-i Tedrisat kanunu gereği 1924'te açılan İmamhatip okullarının, "talebe yok" bahanesiyle kapatıldığı 1928 yılından 1940'lı yıllara gelindiğinde halkımız bu laikçi uygulamaların sonucu, birçok yerde halkın cenazesini bile kaldıracak imam dahi bulamamıştır.

yılı bütçesi görüşmelerindeki bu tartışmalara, aynı şekilde DP tepkisini gösteriyordu.

Bütün bu rahatsızlıklar ve DP'nin ciddi muhalefeti karşısında, CHP Genel Başkanı ve Cumhurbaşkanı İsmet İnönü, bu sefer de eski Diyanet İşleri Başkanı, CHP Milletvekili Şemseddin Günaltay'ı halkın tepkisini hafifletmek ve DP'nin sert muhalefetini azaltmak için 1948'de başbakanlığa atıyordu. Yine bu dönemde Atatürk döneminde bir süre Diyanet Reisliği de yapan dönemin Başbakanı Şerafettin Yaltkaya'nın samimi gayretleri ile yeniden 1948'de ilk olarak Hacı Raif Cilasun'un açtığı İzmir Kestanepazarı Kuran kursu olmak üzere Kur'an Kursu eğitimi ve İmamhatip Okulları benzeri temel dini ve fıkhı bilgiler veren okullar açılmasına, bazı liselere konan din dersleri ve bunlara ilaveten Ankara Üniversitesi'ne bağlı bir İlahiyat Fakültesi'nin kurulmasına 1948'de resmen izin verildi.

Fakat tüm bu çırpınışlar, 1950 seçimlerinde CHP'nin 27 yıllık saltanatının yıkılmasını engellemeye yetmemiştir.[13] Bunları bir *göz boyama* olarak değerlendiren halk 14 Mayıs 1950'de gizli oy, açık tasnif sistemi ile yapılan ilk demokratik milletvekili seçimlerinde 408 milletvekili ile DP'yi iktidara taşımıştır.

1946–50 yılları arasında CHP'ye karşı direnip iktidar olan DP'den başka birçok parti daha kurulmuş, ama yalnızca Millet Partisi bir varlık göstermiştir. Sosyalist, İşçi ve Emekçi, Liberal, Sosyal Demokrat, Köylü, İşçi, Çiftçi, Ergenekon, Arıtma, Görev, İslam Koruma vb partiler bir varlık gösteremeden siyaset

---

13 Şair Orhan Veli (Kanık) bile "Yaprak" mecmuasının 15 Mayıs 1950 tarihli sayısında (2/26, sf. 2) kaleme aldığı "Seçim bitti" yazısında CHP'nin bu manevraları hakkında şunları kaleme alacaktı: "Seçimler bitti. DP, Halk Partisi'ni korkunç bir bozguna uğrattı. Oysaki Halk Partisi halkı kazanacağını umarak fikirleriyle, prensiplerinden son zamanlarda ne fedakârlıklar etmişti. Bütün yayınlarına göz yumulan din dergileri, okullara konan din dersleri, yeniden açılan İlahiyat Fakülteleri, İmam-Hatip Kursları, türbeler, şahsî sermayeye sağlanan imtiyazlar, her türlü irticaa tanınan haklar. Hiçbiri kâr etmedi. Zavallı Halk Partisi!"

sahnesinden silinip gitmişlerdir. CHP'ye halkın tepkisi, DP'ye odaklanıp, CHP'nin iktidardan düşmesine yetmiştir. Bu dönemde belki de DP'yi zorlayabilecek en önemli parti Millet Partisi'dir. Parti prensipleri arasına, TCF örneğindeki gibi, "*Din kurumlarına ve millî ananelere hürmetkâr*" ifadesini ekleyen Millet Partisi'nin "*fahrî genel başkanı*"nın Mareşal Fevzi Çakmak olması halk arasında çok büyük etki yapmış, fakat Fevzi Çakmak'ın Nisan 1950'de vefatının akabinde parti seçimlerde kayda değer bir varlık gösterememiştir. Bu, Menderes'in DP'sine de tek başına iktidar yolu açılmış ve İnönü'nün seçim sonuçlarını kabullenmesiyle iktidar halkın iradesi ile değişmiştir.

Bu dönemi, eski bakanlardan gazeteci Orhan Birgit önümüzdeki yıl basılacak olan *Babıâli'nin Meşhurları* kitabımda yer vereceğim hatıralarında şöyle anlatmaktadır: *"Ardından 14 Mayıs 1950 de çok partili yaşam geldi. (...) 14 Mayıs 1950 için son seçim konuşmaları yapılıyordu. İnönü yaptığı konuşmalarda Mülki idarecilere tarafsızlık emri veriyor, halkın vereceği iradeye saygılı olmalarını ifade ediyordu. (...). 14 Mayıs seçim sonuçlarına göre CHP muhalefete düştü. İsmet Paşa cumhurbaşkanlığından kendi isteği ile istifa etti.*

Eğer İnönü 1. Ordu Komutanı'nı frenlemeseydi ve 14 Mayıs akşamı müdahale emri verseydi, 46 seçimlerinden daha büyük kaos olurdu. Halk tepki verebilirdi. O zaman ne olacağını hiç kimse kestiremezdi. İnönü çok doğru karar verdi. Çünkü halk seçim torbalarını tutmuş, seçim merkezlerine getiriyordu. 1946 seçimlerinin şaibelerine karşı vatandaş kendi oyuna sahip çıkıyordu. (...) İnönü'nün bu tavrı öncelikle bende büyük bir demokrasi eğitiminin başlangıcı oldu. Seçim sonucu beni çok etkiledi. Hukuk Fakültesi'nde Anayasa derslerini daha yeni alıyordum. Rahmetli İnönü'nün uygulayarak verdiği bu halkın iradesine saygılı olma konusundaki demokrasi dersi beni çok etkiledi. Valiye, yöneticilere ve idare amirlerine bu emri veriyordu. İktidar rahatlasın diye. Zaten seçim sonuçlarını kabullenerek cumhurbaşkanlığından istifa etmesi de bunun en güzel örneğiydi."[14]

Türkiye, CHP cumhuriyeti mi yapılmak isteniyor?

Demokrat Parti ile başlayan çok partili hayata dair satırları kaleme almadan önce gölgesi günümüze kadar düşen İnönü Türkiye'sine dair derleyici bir kaç satırın faydalı olacağı kanaatindeyim. Anayasadan devletin dini İslam'dır fıkrasını da 1928 yılında kaldıran, 27 Ağustos 1927'de yapılan seçimlerde Atatürk'ün belirlediği CHP adaylarından oluşan 3. Meclistir. Laiklik ilkesi ise ancak 1937 yılında Anayasaya girmiştir. Daha önce de belirttiğimiz gibi Atatürk'ün kurduğu ülke olan Türkiye Cumhuriyeti, ölümünün akabinde ki 10 yıl içinde tamamen İnönü CHP'sinin 6 Ok ideolojisinin en katı yorumları ile Fransa'da ilk dönemlerde uygulanan Laikçi (Laicist) anlayışıyla din ve dini değerler devlet ve toplumdan silinmeye çalışıldı. İnönü, 1948'de Başbakan Şerafettin Yaltkaya'nın samimi gayretleri ile dinin değerlere dönülmesine izin vermiştir. Hatta bu dönemde Atatürk'ün de

---

14 Bu Cumhuriyet tarihinde askerlerin yönetime ilk kez müdahale etme isteği değildi. Atatürk, Mareşal Fevzi Çakmak vasıtasıyla orduyu tamamen siyaset dışı bıraktığı için bundan rahatsız olanlar tarafından oluşturulan, Cumhuriyet tarihinin ordu içindeki ilk cunta hareketinin Atatürk döneminde bile varolduğunu Samet Ağaoğlu şöyle ifade etmektedir: "Ankara'da birde orduda, aralarında bir kısım generallerinde bulunduğu genç subaylardan oluşan bir grup vardı. Orduyu gençleştirme ve topyekün savunmaya hazırlık yolu ile devlet ve toplumun bütün meselelerinde söz sahibi olmak hareketine girişmişlerdi. Mareşal Çakmak'a saygılarına rağmen Genelkurmay Başkanı olarak tutmuyorlardı. (...) Mesela Ankara'da Reha Oğuz radyoyu basarken, İstanbul'da Tan Matbaası yakılıyor, daha sonra Dil Tarih Fakultesi milliyetçilerce basılıyor, Dekan Şevket Aziz Kansu dövülüyordu. Atatürk'ün ölümünden az önce işte bu yıllarda Ankara'da bazı sivil-asker kimseler gayesi komünizmle mücadele olan milliyetçi ve demokratik bir yönetim getirmek için "Milli Cephe" adında gizli bir cemiyet kurdular... Gizli olmakla beraber hedeflerine ihtilalci yollarla erişmeyi düşünmemişlerdi...". Samet Ağaoğlu, age, s. 21.

izleri silinerek, devlet dairelerinden ve paradan bile resimleri de kaldırıldı.

Atatürk, 1924 ve 1929'da olmak üzere iki defa çok parti denemesi yapmış ama Şeyh Sait İsyanı ve Menemen olayları bahanesiyle o günün şartları ve Başbakan İnönü'nün de CHP içindeki ve meclisteki rakiplerini diskalifiye düşünceleri sebebiyle çok partili demokratik yapıyı gerçekleştirememiştir.

Bugün Türkiye'de kavgası verilen ve topluma empoze edilmek istenen; Fransa'da bile devrimin ilk zamanlarındaki katı uygulamalarından bir dönüşü ifade eden "Devletin dine karışmadığı, dinin devlete müdahale etmediği" laik model değil, kraldan çok kralcı bir anlayışla dört elle sarılınan, Milli Şef İnönü dönemindeki oligarşik, laikçi Cumhuriyettir.[15]

Attilâ İlhan, "Uygulanmak istenenin Atatürkçülük değil, olsa olsa Milli Şef İnönü dönemi zihniyeti" olduğunu Haşim Söylemez ile yaptığı bir röportajda belirtmiştir: "*Atatürkçülük ile bir doktrin olan Kemalizm'i nasıl bir çerçevede değerlendiriyorsunuz?*" sorusuna, "*Kemalizm Gazi"nin kendi yaptıklarıdır. Ancak bütün bunlar halkın kendisinde olacak. Bir doktrin olarak uygulanacak, istenilecek bir şey değildir.*" demiştir. "*Atatürkçülük bayrak gibi birleştirici bir simge fakat çoğu zaman iç çekişmelerin simgesi haline geliyor.*" yorumuna ise; "*Ben Atatürkçülüğü kabul etmiyorum. Bu İnönü Atatürkçülüğüdür. Ben Mustafa Kemal Paşa demek istiyorum. Bir iç çekişme malzemesi yapılamaz. Herkes istediği gibi Atatürk"ü kullanamaz. Gazi'nin demokrasiye inancı sonsuzdur. Birileri onun şemsiyesi altında başkalarını ezemez, incitemez. Ben böyle bir Atatürkçülük istiyorum*"[16] cevabını vermektedir Attilâ İlhan.

15 Bunun kavgasını sürdüren, sözde Atatürk cumhuriyeti istediklerini dile getiren, birçoğu İnönü döneminde yetişmiş eski devrimciler, sosyalistler ve Atatürk'e ve devrimlerine zamanında karşı gelen TİP ve DDM taraftarlarının birçoğu son dönemde Ulusalcılık kisvesi altında karşımıza çıkmaktadır.

16 Röportaj: Haşim Söylemez, "Darbeciler Atatürk'ü istismar etti", Aksiyon, Sayı: 466.

Ne var ki, terör, irtica(!) ve kaos ortamı bahanesiyle ülkeyi kurtarmak adına yapılan bütün askeri darbeler ve muhtıralar sonrasında oluşan olağanüstü dönemlerde oligarşik zihniyetli bürokrasi ve siyaset çevreleri tarafından hep bu Oligarşik, Laikçi Cumhuriyet amacına hizmet için kullanılmaya çalışılmıştır. 55 yıldır sadece seçimden seçime sorulan halkın tercihleri ve kararları bile onlar için bir şey ifade etmemektedir. Türkiye'de oynanan bu oyunda, gerçek laiklik ve demokrasiyi engellemek için bürokrasi, asker, yargı, siyaset, ticaret ve ilim çevrelerindeki bazı derin devlet heveslisi, laisizm ve oligarşi taraftarları Mustafa Kemal Atatürk'ü bile istismar ve kullanmaktan hiç bir devirde çekinmemektedirler.

Demokrat Parti Dönemindeki Değişiklikler

14 Mayıs 1950 seçimlerindeki Demokrat Parti zaferi Türkiye'de demokratik ve halk iradesine bağlı bir cumhuriyet umutlarının yeşertecekti. DP'nin seçimlerde kullandığı, "*Yeter, artık söz milletindir*" sloganının fiiliyata dökmeye dini özgürlüklerle başlaması Türkiye'deki Laikçi Cumhuriyet taraftarları ve onların siyasal düzlemdeki yansıması olan oligarşik CHP zihniyeti ile halkın iradesine saygılı laik demokratik cumhuriyet taraftarı olan sağ görüşlü DP zihniyeti arasındaki günümüze kadar süregelen gizli mücadeleyi de başlatıyordu.

CHP'nin ürettiği sol çevreler ile basın, DP'nin seçimi kazanmasını bir türlü hazmedememişti. Ezan'ın aslına dönmesi, Kore'ye asker gönderirken devlet radyosunda mevlid okutulması, ülkede dinî bir atmosferin doğması söz konusu sol çevrelerde ve medyada tansiyonu yükseltmişti. İrtica tartışması basın ve yayın dünyasının gündemine oturmuştu. Statükoyu savunanlar, mevlit okutulmasına hemen '*irticaî hareket*' diye tepkisini gösteriyordu. Buna karşın Sebilürreşat Mecmuası sahibi ve yazarı olan Eşref Edib de irticanın aranması gereken yerin İslam dini olmadığını anlatmak için kaleme aldığı yazısında asıl irticanın adresi olarak üç yeri gösteriyordu:

1) Kara irtica: Türkleri Hıristiyanlaştırmaktır.
2) Sarı irtica: Masonluk ve Yahudiliktir.
3) Kızıl irtica: Komünizm ve dinsizliktir. [17]

Tartışmanın bir diğer ayağı da ABD'de bastırdığı "Turkey in My Time" adlı kitabında, Nurcuları, Büyük Doğu'yu, İslam Demokrat Partisi'ni, Milliyetçiler Derneği'ni, "*Moskova ajanı, kızıl ajanlar, mürteci, tarikatçı, yıkıcı unsurlar* vs" diye niteleyen Ahmet Emin Yalman ile o dönemde oldukça cılız "dini basın"ın önde gelen kalemlerinden Necip Fazıl Kısakürek arasında devam ediyordu. Necip Fazıl, Sebilürreşat'ta Yalman'ı "irtica yalanını" kendisinin uydurduğu yönünde yazılar kaleme alıyordu.[18]

Bu tartışmalar süredursun, yukarıda da belirttiğimiz gibi halk açısından sevindirici gelişmeler sadece dini uygulamalar üzerindeki baskının kalkmasından ya da 1924'te Tevhid-i Tedrisat Kanunu gereği medreselerin kapatılması sebebiyle din adamı yetiştirmek için kurulan "ve talebe yok" bahanesiyle 1928'de kapatılan İmamhatip Okulları'nın yeniden açılması gibi girişimlerle sınırlı kalmıyordu. DP'nin dört yıllık iktidarlık süresinde Basın Af Kanunu, dini hayat gelen hürriyetler ve birçok antidemokratik hükümlerin yasalardan kaldırılması ile genel ve yerel seçimler yoluyla ilk defa hakiki manada yönetime katılma imkânı buluyor, açılan yeni fabrikalar, eski dönemin hatırası yokluklar ortadan kalkmaya başlıyor, memleketin dört bir yanında baştanbaşa yollar yapılıyor, ziraat için 40 bin adet traktörler getiriliyor,

---

17 Eşref Edip Fergan, Sebilürreşat, İstanbul: 1950. Yazar, bu yazısından dolayı 6 ay hapse mahkûm olmuş, yaşı 65'i geçtiğinden, cezası 5 aya indirilip tecil edilmişti.

18 Necip Fazıl Kısakürek, Büyükdoğu ve Sebilürreşat, 1947.

Anadolu'da halk tabiri ile denizler gibi barajlar inşa ediliyor, yeni liseler ve üniversitelerin açılmasıyla eğitim seferberliği başlıyordu. Bir diğer önemli gelişme şüphesiz İnönü döneminde devlet dairelerinin duvarlarından para ve pullara kadar resimleri ortadan kaldırılan Atatürk'ün, yeniden demokratik Türkiye'nin sembolü haline getirilmesiydi. Tüm bu gelişmelerle, İnönü zamanında laikçi ve antidemokratik çizgiye kayan Türkiye Cumhuriyeti, yeniden laik ve demokratik bir çizgiye yaklaşıyordu.

O günlerin en iyi değerlendirmelerinden biri bizzat dönemin muhaliflerinden biri olan Şevket Süreyya Aydemir tarafından *Menderes'in Dramı* adlı eserinde kaleme alınıyordu: "*Bizde siyasetin halka inişinin, geniş kitlelere yayılışının başlangıcını 1950–60 devresine bağlamakta hata olmasa gerektir. Gerçi yeni seçim kanunu ile buna zemini Halk Partisi hazırlamıştır. Ama bu zemin üstünde siyaseti çok çekişmeli de olsa halka ulaştırmakta Menderes ve Demokrat Partinin etkileri hakikaten geniş olmuştur. Demokrat Partiye gelince o, davasını halka rağmen değil, halk için yürütmek zorundaydı. Halka inmek, siyaseti halka götürmek, milletin hayatına müdahale hakkını halkın oylarından almak zorundaydı.*

Şu halde bir takım doktrin eleştirmelerine girmeden diyebiliriz ki, bizde Demokrat Parti ilk defa aşağıdan gelen sosyal hareket olarak memlekette organik bir temel üzerine oturtulmuştu. Menderes'in şahsında etrafında halkalanan kitlenin gücünü ve dilini bilen bir sözcü bulmuştur."[19]

Ne var ki bu ciddi değişimler başta İnönü olmak üzere asker ve bürokrasi içerisindeki konumlanmış CHP çevrelerini ciddi bir biçimde rahatsız ediyordu. 1950 öncesinde CHP ile bütünleşmiş CHP'li birçok sivil yetkilinin DP döneminde makamlarını

19 Şevket Süreyya Aydemir, Menderes'in Dramı, s. 221–223.

kaybetmeleri neticesinde hayat şartları zorlaşıyor, ellerindeki imkânları kaybetmeleri bir tarafa şüphesiz eski itibarları da azalmaya başlıyordu. Ne var ki, gerek 1954 gerekse 1957 seçimlerinde de DP'ye karşı ciddi bir başarı elde edilememesi gidişattan rahatsız olan çevreleri muhalefet cephesini siyaset sahasının dışına taşırma yoluna itecekti. 1960'tan sonra sağ-sol tartışması halini alacak kamplaşmalar bu dönemde Halkçı Cephe (CHP'liler)-Vatan Cephesi (DP'liler) şeklinde topluma biçilmek isteniyordu.

İleriki yıllarda buna iki grup daha eklenecekti: 1957 seçimlerine DP'ye karşı sağ kesimde yer alan Milliyetçi kesimleri ifade eden Osman Bölükbaşı'nın Millet Partisi (MP) ve Forum Dergisi etrafında Aydın Yalçın önderliğinde oluşan ve içerisinde üniversite hocalarının da bulunduğu, DP uygulamalarını beğenmeyerek ayrılmış aydın kesimlerin de yer aldığı Hürriyetçiler (Hürriyet Partisi).

Yayına hazırladığım *Babıâli'nin Meşhurları* eserimde Aydın Yalçın'ın eşi gazeteci Nilüfer Yalçın o günleri anlatırken halkın 1956'larda bile hâlâ DP'ye desteğinin olduğunu ifade etmektedir: "*Hürriyet Partisi 1955–56 yıllarında kuruldu. Ve Aydın Yalçın da girdi partiye. Üniversiteden istifa ettiği için önünde bir engel kalmadı. Hepsi Hürriyet Partisi'ne geçtiler, bir ekip oldular. Ama daha o zamandan belliydi ki halk Demokrat Partililer hakkında kararını vermemişti. Hâlâ güveniyorlardı. Halk DP için "Bunlar hata yapıyorlar ama bunlar düzelirler" diyor ve güveniyorlardı. Onun için 1957 seçimlerinde CHP, Millet Partisi yine muhalefette kaldı ve Hürriyetçiler ise 4 milletvekili çıkarabildiler. Sanki kamuoyu Türk siyasetçilerine; "Yeni uzlaşma yolları arayın, birbirinizle fazla dalaşmayın ve bunun sonu yine iyi olmalı" diyordu. Halk radikal çözümden yana değildi o zamanlar.*

Forum Dergisi de radikal çözüme karşıydı. Yani tartışmalı ve konsensüse bağlı bir ülke yönetimi olmalıydı. CHP'nin yaptığı gibi tamamen iktidarı yok sayma olmamalıydı yani, demokrasi gereği daha liberal tutum savunuluyordu. Onun için Demokrat Partililerden bazıları Forum okuyucusu oldular. Abone olanlar vardı. Bu çok iyi gidişti, onun için ümitliydik..."[20]

27 Mayıs'a Nasıl Gelindi?

DP iktidarının basına karşı uygulamaya çalıştığı bazı antidemokratik kısıtlamalar ve en son mecliste kurulan Meclis Tahkikat komisyonları benzeri kimi parti politikalarını beğenmeyen Osman Bölükbaşı'nın Millet Partisi (MP) ve diğer sağ görüşlü Hürriyet partisi (HP) liderleri de DP karşı muhalefet cephesinde CHP ile birlikte 1957'de meclise girmeyi başardılar. DP yine tek başına iktidara gelmişti ama halkın oy olarak desteğini ilk iki seçime göre epey kaybetmişti. CHP bu bölünmeden çok iyi yararlanarak DP iktidarına karşı bürokrasi, asker ve medyayı arkasına alarak ciddi bir muhalefet ortamı yaratmayı başarıyordu. Normal seçimle iktidarı değiştiremeyeceğini anlayan CHP'li kesimler asker içerisindeki sol ve milliyetçi isimlerle işbirliğine giderek üç beş değişik cunta yapılanmalarının çekirdeklerini 1954 yılının sonrasında oluşturmaya başlamıştı. 1957 seçimlerinden sonra bu illegal yapılanmalara değişik kesimlerden de daha fazla destek verilmeye başlanacaktı.

Menderes karşıtı olarak DP'de kuruluş yıllarında yer alan ve Celal Bayar hayranı Piraye P. Cerrahoğlu "Demokrat Parti Masalı" kitabında Menderes'in yaptığı ve muhalefetin ciddi tepki gösterdiği 27 Mayıs darbesine sebep olan DP uygulamalarını şöyle sıralamaktadır. "*1954 seçimleri öncesi dini hayat olarak DP'li vekiller arasında sadece oruç tutuluyordu (...) 1954 sonrasında Hâkim teminatı konusunda CHP ciddi muhalefet uyguluyordu*

---

20 Babıâli'nin Meşhurları adlı çalışmamda yayınlanacaktır.

(...) Basın davaları artmıştı ve hukuk devletine yakışmaz hal alıyordu. Bazı parti toplantılarına bile izin verilmiyordu (...) İspat Hakkı Kanunu medya mensuplarını hapis cezasına götürüyordu (...) Basına ispat hakkı tanımak isteyen 11 milletvekili, DP'den atıldı. 10 kişide bu yüzden partiden ayrıldı (...) 1956'dan sonra Menderes dine sarılıyor. Ortaokullarda din dersi olsun istiyordu. Din adamı yetiştirecek liselerin açılmasını yapıyordu. Nur Risaleleri yayınlanıyor, 1959'da Said Nursi Ankara'ya gelebiliyordu (...) Vilayetlerden geçen İnönü'ye resmî uğurlama yasaklanmıştı (...) 1960'lara gelindiğinde Meclis Tahkikat Komisyonları kurulunca ortam iyice karıştı..."[21]

Yine aynı eserinde Cerrahoğlu, DP'li bazı milletvekillerinin zaman zaman Mecliste CHP ve İnönü hakkında söyledikleri uygunsuz sözlerinin de tesiriyle 27 Mayısa giden sebepleri anlatırken; *"1957 yılında Balıkesir'de irtica suçuyla mahkûm edilmiş bir müftünün affı hakkında getirilen bir kanun tartışılıyordu. İnönü kürsüdedir. Günün bilinen havası içerisinde kendisine yapılan ağır bazı hücumlara verdiği şu cevap; "Bana nazik, yumuşak davrananlara daha yumuşak, daha müsamahalı olurum. Bunu bilin ve beni kızdırmayın. Kızdığım zamanda yapmayacağım şey yoktur"* demiştir.

Daha da vahim olan, yukarıda da belirttiğimiz gibi halk da bu saflaşmanın içine çekilmek isteniyordu. Cerrahoğlu, aynı eserinde, 1960'da hakkındaki iddialar sebebiyle Meclis Tahkikat Komisyonu'na ifade vermek için geldiği 27 Mayıs öncesi, 27 Nisan ile 22 Mayıs 1960 tarihleri arasında Ankara'daki gözlemlerini şöyle anlatmaktadır. "*28 Nisan'dan itibaren öğrenci olayları had safhaya çıkmıştı. 21 Mayıs'ta harp okulu talebeleri marşlar eşliğinde Kızılay'da yürüyüş yapıyor ve üniversite gençliği sokaklarda*

21 Piraya P. Cerrahoğlu, Demokrat Parti Masalı, Milliyet Yayınları, sf. 67, 74–75.

eylemler yapıyor. Örfi idare olduğu için toplanan öğrenciler kamyonlarla sıkış tepiş götürülüyor. Halk ise bunlar öldürülüyor, bunlar ağır yaralı falan diyor ve halk arasından hıçkırık sesleri duyuluyor... Hâlbuki aslında emin ellerdeymişler askerler. Örfi idare var diye alıp götürüyor sonra da gençleri bırakıyorlarmış."[22]

Darbe zeminini halk tabanında da hazırlayan, gençlerin kıyma yapıldığı benzeri yalan yanlış ithamların fısıltı gazetesiyle kulaktan kulağa yayılması bir tarafa, siyasi ortam da kimi zaman gereksiz biçimde geriliyordu. Cumhuriyet Halk Partili mebus Avni Doğan, TBMM'de yaptığı bir konuşmadan sonra DP'lilerle tartışıp, kanlanan gömleğini, köy köy dolaşıp, Demokratlara karşı siyasî istismar vasıtası olarak kullanıyor, ya da kimi zaman hedef alınan doğrudan İnönü oluyordu. Örneğin, Samet Ağaoğlu bu tip tartışmalardan birini şu satırlarla anlatmaktadır: *"İnönü kürsüde konuşurken kullandığı ağır bir kelimeyi geri alması için başkanın yaptığı teklifi reddetmiş, başkan da İsmet Paşa'nın meclis toplantılarına birkaç celse katılmasını meclis karar ile engellemişti. Halk Partisi grubu büyük gürültü kopardığı halde, İnönü sükûnetle yerinden kalktı, başını daha da dikleştirerek sert adımlarla salondan çıktı... Meclis Başkanı bu kararı aldırmakla hata etmişti..."*

Mecliste Bayar, İnönü, Ali Fuat Cebesoy gibi 1. Meclis'ten gelen milletvekilleri de vardı. "*Böyle insanlar meclisten çıkarılmak yerine mazisi hatırlatılarak sözlerini daha dikkatli kullanılması rica edilmeliydi. Ne başkan, ne de Demokrat Parti milletvekilleri bunu düşündüler! Ama İsmet İnönü, bu çıkartılmanın intikamını, bütün Demokrat Parti grubunu Meclisten, hem de uzun yıllar bir daha giremeyecekleri şekilde çıkartmakla aldı."*[23]

---

22 Piraya P. Cerrahoğlu, age, sf. 86–89.
23 Samet Ağaoğlu, age, sf. 112.

Piraye Cerrahoğlu, bu günleri eserinde anlatırken CHP merkezinde karşılaştığı sivil giyimli bir askerin kendisine "*Merak etmeyin, Türk subayları uyumuyor. Ama hâlâ İnönü kabul etmiyor*"[24] dediğini nakletmektedir. Ne var ki, bu çok da uzun sürmeyecektir. 28 Nisan olaylarından sonra, *telkin edilen gençler*den (?) dolayı, 27 Mayıs'ta yönetime el koyulacak, DP'nin önde gelenleri tutuklanıp, Yassıada'ya gönderilecekti.

Aynı yıllarda, Harp Okulu'nu bitirip teğmen olarak görev yapmakta iken kendi isteği ile ordudan ayrılarak girdiği İstanbul Üniversitesi İşletme İktisadı Enstitüsü'nde son sınıf talebesi olan Mahir Kaynak hatıratını anlattığı *Yel Üfürdü Sel Götürdü* kitabında ülkenin darbe ortamına nasıl sürüklendiğinden şöyle bahsedecekti: *"27 Mayıs 1960 darbesine giden yıldı. 27 Nisan'da fakülteden bir arkadaş, ertesi gün bahçede toplanılacağını ve büyük bir gösteri yapacaklarını söyledi. Ankara uçağından ayağının tozu ile indiğinden, İsmet Paşa ile görüştüğünden söz ediyordu. Ertesi gün gerçekten gösteriler başladı. Bir süre sonra okullar tatil edildi... Bu olayların kendiliğinden oluştuğuna inanmadığımı, bir merkezden yönetilen sistemli bir hareket söz konusu olduğunu fark ediyordum...", "İleride MİT'te çalışırken olaylara bakış tarzımın temelinde, bu darbe hakkındaki şüphelerim ve kanaatlerim olacaktı. Bana göre 27 Mayıs uluslararası bir olaydı. Türkiye'nin kontrolünü İkinci Dünya Savaşından sonra ABD'ye kaptıran Avrupa, özellikle İngiltere, kontrolü geri almak istiyordu..."*[25]

Mahir Kaynak deşifre etmesiyle başarısız olan 9 Mart 1971 devrimci darbesi içinde başrol oynayan Cemal Madanoğlu'nun 27 Mayıs darbesindeki önemli rolü için de şunları yazmaktadır: "*27 Mayıs'ın güçlü ismi emekli korgeneral, eski kontenjan sena-*

24 Piraye P. Cerrahoğlu, age, sf. 108.

25 Mahir Kaynak, Yel Üfürdü Sel Götürdü, Babıâli Kültür Yayınları, 2001, sf. 59.

törü Cemal Madanoğlu hakkında teşkilatın nasıl bir kanaat taşıdığını ne o zaman öğrenebildim ne de şu an biliyorum. Ama ben onu kendi hesabıma tanımaya çalıştım. 1960 darbesinde rolü ve amacı neydi? Hükümete (1960'ta DP ve 1969'da AP'ye. H.E.) *karşı olmakla beraber, ülkeyi yöneten güçlü siyasi odaklarla her zaman uyum içinde olan bu kişi, şimdi gücünü nereden alıyordu? Bu güç Türkiye'de neyi gerçekleştirmek istiyordu? 27 Mayıs hareketine bir erkeklik uğruna girdiğini sananları, kurnaz kişiliğiyle aldattığını anlıyorum. Sade ama sağlam bir mantığı vardı ve olaylardaki çelişkileri kolaylıkla fark ederdi. Saflığını bir maske gibi kullanır ve karşısındaki insanların, bu saf köylü karşısındaki başıboş ve söz ve davranışlarını çok iyi değerlendirirdi." (...) "Olayın genelini en iyi değerlendirenlerden biriydi. Hiç bir ideolojik bağlantısı yoktu. Herkesin sandığının tersine sol düşünce onu pek fazla ilgilendirmiyordu." (...) "O, o anda sadece solun ulaştığı potansiyeli değerlendirmek istiyordu."* derken Mahir Kaynak, 27 Mayıs ve 9 Mart darbe hareketini birlikte sorguluyor ve Madanoğlu'nun aslında solu kullanarak asıl hedefine ulaşmak istediğini anlatmaktadır.

Mahir Kaynak kafasına takılan şüpheleri de aynı eserinde şöyle anlatıyor: *"Madanoğlu'nun babası 150'liklerdendi. Bunu o sıralarda yeğen Hıfzı Kaçar'dan öğrendim. Silahlı Kuvvetlerin, personelinin ailesi konusundaki hassasiyeti bildiğim için, Ordunun bu konuda ki toleransını anlayamadım. Bu durum yeni sorular doğuran bir soru olarak hep aklımda kaldı. Ancak aşırı Atatürkçü davranışlarının gerçeği ifade etmediğini sadece bu yanını örtmek için kullandığı, şal olduğu ihtimalini hiç göz ardı etmedim. 27 Mayıs'ın nasıl örgütlendiği, kimin son kararı verdiği hâlâ bilinmiyor. Her anı sahibi, 27 Mayıs darbesinin de sahibi olduğunu iddia ediyor. Bu konuda yazılanlar olayları anlatmak yerine daha da karanlıklara gömüyor. Ancak Madanoğlu ile (27 Mayıs'tan sonra MBK içinden atılarak yurtdışına sürgün edilen*

Türkeş ve ekibi. H.E.) 14'leri toparlayan havacı subay olarak bilinen ve 9 Mart cuntamızın da bir üyesi olan emekli hava yarbayı Necdet Düvencioğlu ile Madanoğlu'nun eski günleri yad ettikleri bir konuşmalarını nakletmenin ilginç olacağını sanıyorum."

Burada konuşmayı özetleyen Mahir Kaynak, *"27 Mayıs'a çok yakın günlerde darbeciler Genelkurmay karargâhında toplantı yapmaktadır. Madanoğlu o an daha cuntanın üyesi değildir. Ancak bu toplantılar darbecilerin odasına yerleştirilen cihazlarla Madanoğlu ve Düvencioğlu tarafından dinlenmekte ve kayda alınmaktadır. Gizli işler çevirdiğini zannedenlerin her hareketi izlemektedir. Madanoğlu 27 Mayıs cuntasına bir davet üzerine değil, uygun gördüğü anda bileğinin hakkıyla girmiştir..."*

Bu konuşmadan anladığı kadarıyla Kaynak, *"Bu izlemenin hangi kurum veya kişiler adına yapıldığını bilmiyorum. Ama Menderes Hükümetini temsil etmeyen bir adresin söz konusu olduğu aşikâr. 27 Mayıs darbesini CHP yönüne çevirmekle ve İnönü'ye satmakla suçlanan Bu kişide İnönü hayranlığı ve CHP bağlılığı aradım. Herhangi bir hayranlık sezmedim. CHP ile organik bağlılıklar içinde bulunan Doğan Avcıoğlu'nu vazgeçilmez bir adam olarak görmüyordu. Ona biçtiği siyasi ömür darbeyi gerçekleştirinceye kadardı"* diyerek Cemal Madanoğlu'nun CHP sevgisinin de olmadığını anlatmaktadır.

Mahir Kaynak, Cemal Madanoğlu ve Necdet Düvencioğlu'nun davranışlarından ve hareketlerinden yola çıkarak 27 Mayıs'ın ve hatta 9 Mart cuntasının yani 1971'de kendisinin deşifre ettiği başarısız kalan 9 Mart sözde devrimci darbesinin de arkasında başta İngilizler olmak üzere dış güçlerin de olduğu iddiasında bulunmaktadır.

Ama kesin olarak inanmaktadır ki, sol hareketlerin de arkasında ileride de anlatacağımız hatıralarından anlaşıldığına göre Rusya'yı aramanın boş bir çaba olduğunu ve toplumun yanıltıldığını ve aşırı solcu ve sosyalist olup komünizm idealleri ile yıllardır her türlü mücadeleye girenlerin aldatıldığını çok açık şekilde ima ve ifade etmektedir.

CHP ve CHP zihniyetli bazı asker ve sivil bürokratik oligarşinin, muhalefet partilerinin, üniversite hocalarının ve gençliğinin desteklediği, Albaylar cuntasının 27 Mayıs askeri darbesi demokrasi tarihimize kara leke olarak düştü. Darbe ile Demokrat Parti iktidarına son verildi. 10 yıllık demokratik cumhuriyet, ittihatçı gelenekten gelen askeri darbeci cuntalar devreye sokularak halk iradesi hiçe sayılıyordu. Türk Ordusu'nun Genelkurmay Başkanı dâhil yüzlerce generali ve binlerce subayı emekliye sevk edilerek 27 Mayıs cuntasının (*önce emekli edilmiş ve İzmir'e yerleşmiş olan Cemal Gürsel ikna edilerek*) kendi ifadeleri ile 38 kişilik Milli Birlik Komitesi yönetime el koydu. Bir kez daha anti-demokratik, laikçi cumhuriyet taraftarları iktidara sahip oluyordu.

Yassıada Mahkemesi ve İmralı'ya Uzanan Hazin Yolculuk

27 Mayıs darbesinden sonra, Yassıada'da kurulan özel mahkemede Celal Bayar, Adnan Menderes ve diğer Demokrat Partili siyasiler adil olmayan şartlar altında yargılandılar. Yargılamalar, 1961 yılında Türkiye Cumhuriyeti'nde on yıl başbakanlık yapan Demokrat Parti Genel Başkanı Adnan Menderes, Dışişleri Bakanı Fatin Rüştü Zorlu ile Maliye Bakanı Hasan Polatkan'ın idam kararlarına imza atacaktı. Yassıada mahkemesinin son duruşmasındaki idam kararlarının kürsüden okunurken Türk milleti radyolarının başında alınan kararları dinliyordu:

"Sanık Celal Bayar...

Türkiye Cumhuriyeti Anayasası'nı cebren tağyir ve tebdil ve ilgadan dolayı Türk Ceza Kanunu'nun 146/1'inci maddesi hükmünce ölüm cezasına çarptırılmasına oy birliği ile karar verildi."

1924 Anayasası'na göre yalnızca vatana ihanet suçundan dolayı TBMM'ye sorumlu olması gereken Türkiye Cumhuriyeti'nin üçüncü cumhurbaşkanı, Yassıada Mahkemesi'nde oy birliği ile alınan karar uyarınca, 78 yaşında olduğu halde idam cezasına çarptırılmıştı. Spiker nefes almadan ölüm cezalarını okumaya devam ediyordu. Bu arada Divan Başkanı'na bir not iletilmişti. Salim Başol bunu inceledikten sonra açıklamada bulunarak, Adnan Menderes'in hastalığı sebebiyle duruşmaya çıkamayacağının anlaşıldığını belirtiyordu. Divan Başsavcısı Ömer Altay Egesel "*Menderes hakkında gıyapta karar verilsin*" demek suretiyle, kürsüdeki son konuşmasını ve talebini yapmıştı.

Adnan Menderes hakkında okunan kararda, "*Türkiye Cumhuriyeti Anayasası'nı cebren tağyir ve tebdil ve ilgadan dolayı Türk Ceza Kanunu'nun 146/1'inci maddesi hükmünce ölüm cezasına çarptırılmasına 'gıyaben' oy birliği ile karar verildi*" denilmekteydi.

Haklarında verilen hükümleri açıklanan birinci grup yirmi kişi olup, bunların yedisi idam cezasına çarptırılmıştı. Celal Bayar, Adnan Menderes, Fatin Rüştü Zorlu, Hasan Polatkan, Refik Koraltan, Agâh Erozan ve İbrahim Kirazoğlu ölüm yolculuğuna sevk edilirken, Medeni Berk, İzzet Akçal, Celal Yardımcı, Tevfik İleri müebbet ağır hapis cezasına çarptırılarak, sehpadan uzak, fakat ömür boyu zindanda yaşamaya mahkûm edilmişlerdi. Demokrat Parti iktidarının son kabinesinin diğer üyeleri de 5–15 sene arası hapis cezalarına çarptırıldılar. Birinci gruptan yalnızca İlhan Sipahioğlu beraat etmişti. Haklarında ölüm kararı okunanlardan Fatin Rüştü Zorlu zaten atıfet istememiş ve en küçük bir istekte bulunmamıştı. Müdafaası dahi alınmayan Hasan Polatkan hiçbir reaksiyon göstermemiş, sert bakışlarını bir noktaya dikerek, mahkeme salonundan ayrılıncaya kadar o şekilde bekleyerek, hakkında verilen sebepsiz ve haksız ölüm cezasına adeta anlamlı bir mesaj göndermiştir. Refik Koraltan tevekkül ile Agâh Erozan belirsiz bir hayretle, İbrahim Kirazoğlu başını sallayarak haklarındaki ölüm fermanlarını dinlemişlerdi.

Yassıada'da son karar hükmünün okunmasının bittiği anda saatler 15.20'yi gösteriyordu. Kararların açıklanmasından sonra ölüm ve müebbet hapis cezasına çarptırılan hükümlüler, ihtilalciler tarafından önceden hazırlanmış plan gereğince hücumbotlarla alelacele İmralı Adası'na gönderildiler. İmralı'ya Yüzbaşı Erdoğan Argun kumandasındaki subay ve erlerin muhafazasında elleri arkadan kelepçeli olarak giden hükümlüler şu isimlerden ibaretti: Celal Bayar, Refik Koraltan, Agâh Erozan, İbrahim Kirazoğlu, A. Hamdi Sancar, Bahadır Dülger, Emin Kalafat, Baha Akşit, Osman Kavrakoğlu, Zeki Erataman, Rüştü Erdelhun, Nusret Kirişçioğlu, Fatin Rüştü Zorlu, Hasan Polatkan, Medeni Berk, İzzet Akçal, Celal Yardımcı, Tevfik İleri, Hüseyin Ortakçıoğlu, Selahattin İnan, Cemal Tüzün, Kemal Biberoğlu, Selim Yatağan, Enver Kaya, Necati Çelim, Murat Ali Ülgen, Necmettin Önder, Selami Dinçer, Himmet Ölçmen, Ethem Yetkiner, Nuri Togay, Muhlis Erdener, Rauf Onursal, Ekrem Anıt, Hadi Tan, Hilmi Dura, Kemal Serdaroğlu, Samet Ağaoğlu, Kemal Aygün, Sadık Erden, Sezai Akdağ, Reşat Akşemsettinoğlu, Vacit Asena, Kemal Özer, Mazlum Kayalar.

Yassıada Mahkeme Divanı'nın vermiş olduğu idam hükümleri, onaylanmak için Ankara'ya Milli Birlik Komitesi'ne gönderilmişti. Komitede infazların yapılıp yapılmaması hakkında şiddetli tartışmalar meydana gelirken fikir ayrılıkları da oluşmuştu. Komitedeki subayların bir kısmı Harp Okulu Komutanı ve Silahlı Kuvvetler Birliği Başkanı Talat Aydemir'in tehditlerinden çekinirken, Gürsel'cilerle İnönü'cüler ayrı görüşler taşımaktaydılar. Yassıada'da verilen ölüm kararlarının adalet anlayışı diye bir şey yoktu. Ankara'daki komitenin üyeleri ne derse o olacaktı!

İdama mahkûm edilen Demokrat Parti mensuplarının Yassıada'dan İmralı'ya getirilmelerinden hemen sonra, iki yüzden fazla subay kararları şiddetle eleştirerek, daha çok ölüm cezasının verilmesini istemekteydiler. İmralı'ya nereden geldiği belli olmayan kızgın subaylar, Yassıada Kumandanı Tarık Güryay'ı İmralı'da sabırsızlık içerisinde bekliyorlardı. Bu durum karşısında hayli telaşlanan MBK İrtibat Bürosu Başkanı Kurmay Albay Namık Kemal Ersun derhal Yassıada'yı arayarak, Tarık Güryay'a İmralı'ya gitmesini emretmişti. Aldığı emir üzerine 15 Eylül saat 23.00'te İmralı'ya ulaşan Ada Kumandanı Güryay, oradaki gelişmeleri şöyle anlatmaktadır: *"İmralı'ya yanaşınca, rıhtımı dolduran büyük subay kalabalığının orada olduğunu görmenin hayretine düştüm. Adada iki yüzden fazla subay vardı. Kimlerdi bunlar? Nerelerden nasıl, niçin gelmişlerdi? Bana uzanan her eli sıka sıka yürüyerek salona ulaştım. Kimler olduklarını, benimle niçin görüşmek istediklerini sordum. İçeriye sekiz subay girdi, evvela omuzlarına baktım: Rütbeleri en yüksek olanlar binbaşı idiler. Üçü yüzbaşı, geri kalanı da üsteğmen. İçlerinden ileriye çıkan bir subay: "Kumandanım" dedi. "Bizim öğrendiğimize göre Milli Birlik Komitesi, Yüksek Adalet Divanı'nın verdiği idam hükümlerini tasdik etmeyerek, müebbet hapisliğe çevirecekmiş! Bu ne demek? Suçluları asmaktan korkuları varsa, şayet duyduklarımız doğruysa, onların yerine getirmekten korktukları kararı, burada biz infaz edeceğiz!" Durum son derece önemliydi: Onlar, İmralı Adası'na kolayca hâkim olabilecek kadar kalabalıktılar! Biraz sonra, avluda toplanmış olan subayların ortasına çıktım:*

"Arkadaşlar" dedim. "Milli Birlik Komitesi, bu konuda itirazı gerektirecek bir karara varırsa, onun karşısına dikilmek, hiç şüphesiz bizlere değil, rütbeleri bizimkilerden büyük olan ağabeylerimize düşer." Bunları söyledikten sonra içeriye girdim. Dışarıda, anlaşılmaz konuşmalar duyuluyordu. Demek bu sözlerim kendilerine ve gerçeklere uygun düşmüş olmalı ki, en ufak bir teşebbüse yeltenmediler. Ama bana gücendiklerini de anladım.

Kendi kendime, "Ne iyi etmişim de İmralı'ya gelmişim!" diyordum. Gitmeseymişim ihtilalin defteri, belki de üç idamı mumla aratacak bir müthiş kanlı faciayla kapanacaktı!"

Ada Kumandanı Tarık Güryay'ın ifadelerinden anlaşıldığı gibi, idamların infazı önü arkası kesilmeyen şiddetli baskıların neticesinde 14–15 Eylül 1961'de gerçekleşmişti. Milli Birlik Komitesi içerisindeki dört subayın, Ankara'da Talat Aydemir ve Fethi Gürcan ekibinin kurduğu cunta hareketi olan "Silahlı Kuvvetler Birliği"nin baskılarıyla MBK üyelerinin 3 kişinin ölüm cezalarının infazı doğrultusunda karar verdikleri ileri sürülmektedir. Ancak MBK içinde yer almayan Fethi Gürcan ve Talat Aydemir bu iddiaları reddetmişlerdir. Tarık Güryay'ın hatıralarında anlattığı adaya gelen subayların kimin tahriki ile hareket ettikleri ise bugüne kadar açığa çıkarılamamıştır.

Milli Birlik Komitesi Yönetimi ve Demokrasiye Geçiş

27 Mayıs cuntasını yapan 38 subaydan oluşan MBK, mümkün olan en kısa zamanda iktidarı sivillere devretmek isteyenlerle partilerin politik faaliyetine izin verilmeden önce ülkenin siyasî yapısını değiştirecek reformları gerçekleştirmek isteyenler arasında ikiye bölünmüştü. İkinci grup olarak kabul edilen Alparslan Türkeş ve arkadaşlarının oluşturduğu 14'ler grubunun plânı askerî yönetimin en azından dört yıl, gerekirse daha fazla sürmesi yönündeydi. İki grubun farklı düşüncelerinin çakıştığı bir diğer önemli husus CHP'nin konumuydu. Birinci gruptakiler, DP feshedildikten sonra en güçlü siyasî yapı olduğundan iktidarın CHP'ye devrini öneriyorlardı. Buna karşı 14'ler grubu, iktidarı çok kolay bir şekilde CHP'lilere teslim etmeye niyetli değildi. Darbenin ilk başlangıç günlerinde bu 14'ler grubu politikada önemli bir etki gösterebiliyorlardı. Alparslan Türkeş, Başbakanlık

Müşaviri olmuştu. Yine 14'lerin önemli isimlerinden olan Binbaşı Orhan Erkanlı ise önemli ve stratejik bir görev olan Milli Birlik Komitesi (MBK) Genel Sekreter Yardımcısı olmuştu.

Eylül 1961'de Menderes, Zorlu ve Polatkan'ın İmralı'da idamlarından sonra Cemal Gürsel, MBK içindeki muhalefete rağmen CHP'li Turhan Feyzioğlu'nu Kurucu Meclis için bir yasa taslağı hazırlamaya davet etti. 3 Kasım 1960'daki bu görevlendirmeden sonra, MBK'de 14'lerin, Gürsel grubuna karşı darbe hazırladığına dair haberler yayılmaya başladı. Bu arada 14'lerden olan Orhan Erkanlı 11 Kasım'da istifa etti ve İstanbul'a gitti. Erkanlı'nın İstanbul'a gidişinden sonra 14'lerin tasfiye edilmesi hareketini başladı. MBK'nin 14 üyesi 12 Kasım'ı 13 Kasım'a bağlayan gece Gürsel'in imzaladığı bir emirle tasfiye edilerek, tümü bir iki gün içinde de aileleriyle birlikte dış ülkelere elçilik müşaviri olarak gönderildi. Milliyetçi 14'lerin tasfiyesi ile CHP yanlısı olan Yeni MBK, Cemal Gürsel Başkanlığı'nda kalan 24 kişi ile ülkeyi seçimlere kadar yönetecekti.

7 Aralık 1960'da MBK'de kabul edilen kanuna göre kurulan 1961 Kurucu Meclisi, Millî Birlik Komitesi ve Temsilciler Meclisi adı altında iki bölümden oluşuyordu. Kurucu Meclis'in temsil özelliği, o günkü şartlarda, mümkün olduğu ölçüde geniş tutulmaya çalışılmıştır. Temsilciler Meclisi, DP hariç tutulmak suretiyle 67 ilde siyasî partilerden ve çeşitli meslek kesimlerinden temsilciler kademeli olarak seçilmiş 272 kişiden meydana gelmektedir. Temsilciler Meclisi üyeleri ise ezici çoğunlukla CHP taraftarı idiler. Son kararı veren ise 24 kişiden oluşan MBK idi.

Kurucu Meclis, 9 Mart 1961'de çalışmalarına başlamış, 27 Mayıs 1961'de hazır hâle gelen Anayasa, 9 Temmuz 1961'de halk oylamasına sunulmuştur. Halk oylamasına katılanların yaklaşık %60'ı kabul, %40'ı ise ret oyu kullanmıştır. Olumsuz oy kullananların hayli yüksek oranda olmasındaki temel sebep, halk oylamasının verilen oyların anayasayı beğenmek veya beğenmemekten çok, askerî yönetimden memnun olmak veya olmamak anlamında yorumlanmasıdır.[26] 15 Ekim 1961'de yapılan seçimlerden sonra meydana gelen Türkiye Büyük Millet Meclisi tarafından MBK Başkanı Cemal Gürsel Türkiye'nin dördüncü Cumhurbaşkanı olarak seçilir.

Demokrasiye Geçiş ve İnönü Koalisyonları Dönemi

Kurucu Meclis, Ocak 1961'de Genelkurmay eski başkanlarından emekli Orgeneral Rauf Orbay'ın başkanlığında çalışmaya başladıktan yaklaşık bir ay sonra siyasî parti faaliyetlerine izin verilir. İnönü'nün CHP'si ve Osman Bölükbaşı'nın Cumhuriyetçi Köylü Millet Partisi'nin yanı sıra çok sayıda yeni parti kurulmuştur.

13 Şubat 1961'de bir grup sendikacı tarafından kurulan, Mahir Kaynak'ın bizzat şahit olduğu Türkiye İşçi Partisi kurucusu Orhan Arsal'ın itirafından anlaşıldığı üzere[27], İnönü'nün görüş ve direktifleri ile kurulan TİP, ilk başkanı Avni Erakalın'ın Yeni Türkiye Partisi'ne geçmesi ile bir süre ortada kalır. İstanbul Hukuk Fakültesi eski öğretim üyelerinden M. Ali Aybar'ın kurduğu ve başkanı olduğu Sosyalist Parti'nin TİP'e katılmasıyla TİP siyasî hayattaki gerçek faaliyetine Mehmet Ali Aybar'ın genel başkanlığa seçilmesi ile başlar. 1961 Anayasasını farklı bir şekilde yorumlayan Aybar ve arkadaşları, orada amaçlanan toplumun ancak sosyalist düzende gerçekleşebileceğini belirterek, siyasî hedeflerini buna göre düzenlemişlerdir.

---

26 Kuvvetler ayrılığı ilkesine göre hazırlanan 1961 Anayasası ile ülkemizde bazı kurumlar da ilk defa oluşturulmaktaydı. Bunlar arasında Millet Meclisi ve Senatodan meydana gelen çift meclisli bir sistem, Anayasa Mahkemesi, Devlet Plânlama Teşkilâtı, Millî Güvenlik Kurulu sayılabilir.

27 Mahir Kaynak bahsi geçen eserinin 74 ve 75. sayfalarında Arsal'ın "Bizi kahraman mı sanıyorsunuz, (1961'de) TİP'i kurarken M. Ali Aybar ile İsmet Paşa'ya gittik. Elini öptük, iznini ve direktiflerini aldık. Öyle işe başladık..." dediğini anlatmakta ve "Bu sözlerin arkasından patlattığı kahkahada keder ve ironi vardı..." dediğini yazmakta.

Aynı günlerde emekli Orgeneral Ragıp Gümüşpala önderliğinde Adalet Partisi kuruldu. Böylelikle CHP, CMKP, AP, TİP ve YTP yeni anayasanın kabulünden sonra 15 Ekim 1961'de yapılan seçimlere katıldılar. Seçim sonuçlarına göre oyların % 62'sini CHP'ye karşı olan ve DP'nin tabanını temsil eden AP, CKMP ve YTP almışlardı. Bu partilere verilmiş olan oylar uygulamada 27 Mayısçılara ve CHP'ye karşı verilmiş sayıldığından iç ve dış çevrelerde seçim sonuçları "Menderes'in zaferi" şeklinde yorumlanmıştır. Seçmen kütüklerine kayıtlı seçmenlerin % 81.41'nin oy kullandığı seçimlerinin sonuçlarına göre; CHP 173, AP 158, YTP 65, CKMP de 54 milletvekilliği kazanır. Çoğunluk sistemi uygulanan Cumhuriyet Senatosundaki sandalye dağılımı ise daha farklı olmuştur: AP 71, CHP 36, YTP 27, CKMP ise 16 senatör elde eder.

Seçimlerin ardından 20 Kasım 1961'de İnönü başbakanlığında cumhuriyet tarihinin ilk koalisyon hükümeti CHP ve AP arasında kurulur. AP yeni Cumhurbaşkanı olarak da MBK Başkanı Cemal Gürsel[28] yerine Prof. Dr. Ali Fuat Başgil'i aday gösterdi. Yapılan baskılar sonucu Ali Fuat Başgil, İsviçre'ye giderek aday olmadığını açıklamak zorunda bırakıldı. Ne var ki, İnönü Başbakanlığında koalisyon hükümeti kurulmasına rağmen ordu içerisindeki kıpırdanmalar durulmamıştır. 27 Mayıs darbesi sırasında yurt dışında olduğu için iktidara ortak olamamış olan Albay Talat Aydemir ve genç arkadaşlarının hevesleri hâlâ kırılmamıştı. İlerleyen günlerde, Ankara'daki Harp Okulu'nun komutanı olan Talat Aydemir 22 Şubat 1962'de askeri öğrencileri silahlandıra-

---

28 27 Mayıs 1960 gününde gerçekleştirilen askeri müdahalenin lideri olarak kabul edildi. Yeniden demokratik düzene dönülmesinde ve 1961 Anayasası'nın hazırlanmasında önemli rol oynadı. Halkoyuna sunulan ve kabul edilen bu Anayasa gereğince, yapılan seçimlerle oluşturulan Türkiye Büyük Millet Meclisi tarafından Türkiye'nin dördüncü Cumhurbaşkanı olarak seçildi. 1966 yılında başlayan rahatsızlığının sürmesi ve görevini engellemesi üzerine, Dr heyeti raporu ile Anayasa uyarınca Cumhurbaşkanlığı görevi sona erdi. 1927 yılında Melahat Hanım'la evlenen ve bir çocuğu olan Cemal Gürsel, 14 Eylül 1966 gününde vefat etti.

rak bir darbe teşebbüsünde bulundu. Halkın, Genelkurmay Başkanı ve askerlerin destek vermemesi üzerine başarılı olamayan bu darbe teşebbüsü İsmet İnönü Hükümeti tarafından bastırıldı. Ne var ki 22 Şubat gecesinin korkulu saatleri çabuk unutuldu. CHP'nin teklif ettiği, Talat Aydemir ve arkadaşlarının affı Mecliste görüşülürken koalisyon ortağı AP, Yassıada mahkûmlarının da affını gündeme getirdi. Bu durum hem hükümet, hem de ordu da büyük rahatsızlık oluşturdu ve ilk koalisyonun da sonunu hazırladı. Türkiye Cumhuriyeti'nin ilk koalisyon hükümeti bu gelişmelerin etkisiyle 30 Mayıs 1962 tarihinde bozuldu. 25 Haziran 1962'de İkinci koalisyon hükümetini kuran İnönü'nün ortakları bu kez YTP, CKMP ve bağımsız milletvekilleri olacaktı.

Ülke siyasetinde bu gelişmeler olurken Alparslan Türkeş ve 13 arkadaşının 815 günlük sürgün hayatı 22 Şubat 1963'de sona erer. Alparslan Türkeş ve arkadaşlarının Talat Aydemir'le ülkenin geleceği üzerindeki görüşmeleri sonuçsuz kalır. Türkeş, Talat Aydemir'in yeni bir darbe yapılması düşüncelerine katılmaz. Bunun üzerine kendi başına hareket etmeye karar veren "Silahlı Kuvvetler Birliği" lideri Talat Aydemir ve Fethi Gürcan Harp Okulu talebeleri ile 22 Şubat'ta başlayan ve 23 Şubat 1963'te bastırılan isyan olayından 3 ay sonra, 20–21 Mayıs 1963'te ikinci kez darbe teşebbüsünde bulunurlar. Ancak bu hareketin de sonu hüsran olur ve teşebbüslerinin bedelini ağır öderler. Bu seferki isyanı bastırma işini bizzat Genelkurmay Başkanı Cevdet Sunay ve kuvvet komutanları yönetirler. Hükümete bağlı askerlerle isyancılar arasındaki çatışmada 8 kişi ölmüş, 26 kişi yaralanmıştır. Yapılan yargılamalardan sonra isyanın öncüsü Talat Aydemir, Fethi Gürcan, Osman Deniz ve Erol Dinçer ölüm cezasına çarptırılırken, diğerleri de çeşitli hapis cezaları alırlar. TBMM'nin kabul ettiği 480 sayılı kanunla da haklarında ölüm kararı onaylananlardan, önce Fethi Gürcan daha sonra da Talat Aydemir idam edildiler. Menderes ve arkadaşlarının idamında MBK'ye baskı yaptığı ve idamların yapılacağı İmralı adasına 200 civarında teğmen, üsteğmen ve yüzbaşı seviyesinde subayları göndererek idamlar hususunda daha katı bir politika izlenmesi amacıyla adada baskı oluşturduğu iddia edilen Talat Aydemir ve arkadaşı Fethi Gürcan kaderin cilvesi olarak hayatlarını darağacında tamamlıyorlardı.[29]

Bu olaydan 6 ay sonra 17 Kasım 1963'te yapılan yerel seçimler AP'nin zaferiyle sonuçlandı. Oyların %48,9'sini AP, %37'sini CHP, %6,5'ini YTP, %2,6'sını CKMP alırken kalan %8'lik kısım Millet Partisi, Türkiye İşçi Partisi ve bağımsızlar arasında paylaşılmıştı. CHP ile iş birliğine yanaşmayan AP, yerel seçim sonuçlarının kendisine kazandırdığı itibarı değerlendirerek güç toplamaya çalışmıştı. Neticede üç dönem üst üste başkanlığını yürüttüğü koalisyon hükümetlerinin sonuncusunu da çıkan kriz sonrası istifasıyla sonlandıran İsmet İnönü 20 Kasım 1961'den 20 Şubat 1965'e kadar süren İnönü koalisyonları dönemini de kapatıyordu.

Süleyman Demirel, siyasî yaşamına, 1962 yılında, Adalet Partisi Genel İdare Kurulu üyeliği ile başladı. AP lideri emekli General Ragıp Gümüşpala'nın vefatı üzerine, rakibi Saadettin Bilgiç'i geçerek 28 Kasım 1964 tarihinde bu partiye genel başkan seçildi. İnönü'nün istifası üzerine, 28 Kasım 1964 tarihinde Adalet Partisi'nin başına geçmiş olan Süleyman Demirel'in kurulmasını sağladığı ve Başbakan Yardımcılığı'nı üstlendiği 1965 Şubat'ında göreve başlayan Suat Hayri Ürgüplü Başbakanlığındaki

---

29 Son başarısız ihtilal teşebbüsüne katılan Harp Okulu talebelerinin tamamı ordudan atıldı. 1969'a kadar Harp Okulları 2 yıllıktı. Bu yüzden Askeri Harp Okulu 1963 ve 1964 dönemlerinde mezun veremedi. 1969'da 3 yıl oldugundan 1971'de yine mezun vermedi. 1976 ise üniversite sistemine göre 4 yıl oldu ve 1977'de Harp okulları hiç mezun vermedi. O günlerde Harb Okulu talebesi olarak darbeye bizzat karışan Ümmet Sarı 6 Kasım 2005 günü Zaman gazetesinin Turkuaz ekinde Hakan Yılmaz'a, Talat Aydemir ve Fethi Gürcan'ın Menderes ve arkadaşlarının iddia edilenlerin aksine asılmalarına karşı olduklarını bunu destekleyenlerin de İmralı Adası'na idamların yapılması için illegal olarak giden subayların arkasında da MBK üyesi olan Madanoğlu ve daha sonra Kara Kuvvetleri Komutanı ve Genelkurmay Başkanı da olan Cemal Tural grubunun bulunduğu ifade etmiştir.

koalisyon hükümeti de 10 Ekim 1965 tarihindeki seçimlere kadar devam edecekti.

DP Yerine Seçimle Gelen Adalet Partisi Döneminde Neler Yapıldı? Sağ-Sol Kavgaları Neden Tezgâhlandı?

Millî bakiye sisteminin uygulandığı 10 Ekim 1965 genel seçimlerinden çıkan netice AP'nin tek başına iktidarı anlamına geliyordu. AP %53 oy ile 240 milletvekili, CHP %28.7 ile 134 milletvekili, MP %6 ile 31 milletvekili YTP %3.7 ile 19 milletvekili, TİP %2.9 ile 15 milletvekili, CKMP ise % 2.2 oy oranı neticesinde 11 milletvekili meclise girdiler. Demirel liderliğindeki AP'nin tek başına iktidara geldiği bu seçimler Türk siyasi hayatının dönüm noktalarını da işaretlemekteydi. 1963 yılında sürgünden geri dönen Alpaslan Türkeş ve 9 arkadaşı Muzaffer Özdağ, Rıfat Baykal, Fâzıl Akkoyonlu, Numan Esin, Mustafa Kaplan, Şefik Soyuyüce, Münir Köseoğlu, Dündar Taşer ve Ahmet Er ile beraber CKMP'nin 22–23 Şubat'ta yapılan kongresi ile resmen katılmış, Alpaslan Türkeş Ankara milletvekili olarak meclise girmişti. 14'ler içerisindeki diğer isimlerden Orhan Kabibay, Orhan Erkanlı ve İrfan Solmazer CHP'ye, Muzaffer Karan ise Türkiye İşçi Partisi'ne girmişti. TİP bu seçimde M. Ali Aybar, Behice Boran ve Çetin Altan gibi isimlerle birlikte toplam 15 milletvekili ile meclise girmeyi başarmıştı. Daha önce AP'nin TİP'in seçime girmesini engellemek için Yüksek Seçim Kurulu'na yaptığı itirazın sonuçsuz kalmasına karşın aynı parti 12 Mart Muhtırası'ndan sonra, 20 Temmuz 1971'de siyasî partiler yasasına aykırı faaliyette bulunduğu gerekçesiyle Anayasa Mahkemesi'nce kapatılacaktı. Ne var ki, meclis çatısı altındaki siyasal varlığı on yılı bile bulmayan TİP'in Türk siyasetinin üzerine düşen gölgesi çok daha uzun olacaktır. Türkiye'nin neden bir türlü demokratikleşemediğini ele aldığı *Aydınlar Oligarşisi* başlıklı yazısında[30] Alev Alatlı Türkiye'de sahici iktidarın 20. yüzyılın ilk yarısına kadar İttihat ve Terakki, ikinci yarısında Türkiye İşçi Partisi'nin olduğunu yazmıştır. Mehmet Sedes'in, *"Benim kuşağımın mektebi Türkiye İşçi Partisi"* ifadesine yer verilen aynı yazıda, *"DP'si, AP'si ancak 1980'lerde iktidara gelebildi"* denilmektedir. Nitekim Sedes, *Valla! Kurda Yedirdin Beni* adlı eserinde TİP ile Türkiye'nin anti-demokratik oligarşik zümrelerinin birbiriyle çakışan yollarını şu satırlarla anlatmaktaydı: *"1960 yılının eylül ayındaydık. Az sonra, aralıkta, yeni anayasayı hazırlayacak olan Kurucu Meclis toplandı ve başta Hıfzı Veldet Velidedeoğlu olmak üzere, Tarık Zafer Tunaya, Sıddık Sami Onar, İsmet Giritli ve Hüseyin Nail Kubalı'nın da dâhil olduğu komisyon işe girişti. Herkes Milli Birlik Komitesi'ne yardım etmek üzere ayaklanmış gibiydi. Dr. Hikmet Kıvılcımlı'dan Yaşar Kemal'e, Aziz Nesin'den Behice Boran'a kadar bugün artık sol düşüncenin temel taşları sayılan isimler 27 Mayısçılar'a kutlama telgrafları çekiyor, destek mesajları yolluyorlardı. Öyle görünüyordu ki, 'hepimiz' Atatürk devrimlerinin ilkelerinin korunmasında, uygulanmasında ve geliştirilmesinde Silâhlı Kuvvetler'in yanındaydık. Bunun böyle olduğunu özellikle vurgulamak istiyorum; çünkü sonraki yıllarda aynı isimler '27 Mayıs'ın demokratik sürece indirilen bir darbe' olması nedeniyle verdiği 'zararları' anlatır oldular. Benzer tutum 12 Mart için de geçerlidir. Bugün artık 'demokrasi mücahidi' olarak adını tarihe yazdıran Abdi İpekçi, bile '... Salt hukuk açısından antidemokratik gözüken olayın aslında demokratik düzenin korunabilmesi amacını güttüğü ortaya çıkacaktır.'diye yazmıştı. DİSK, '12 Mart muhtırası işçi kesiminin devrimci kesiminde büyük ferahlık yaratmıştır. DİSK, Atatürk devrimlerini ve Anayasa ilkelerinin korunmasında, uygulanmasında, geliştirilmesinde*

---

30 Zaman Gazetesi, 19 Ağustos 2005.

Türk Silâhlı Kuvvetleri'nin yanında olduğunu belirtmekten kıvanç duyar' diye ilân etti. Dev-Genç, '12 Mart muhtırasını tespit bakımından olumlu buluyoruz. Ancak, bu parlamentodan güçlü bir hükümet çıkmaz' kaygısındaydı. Anayasa profesörleri Bülent Nuri Esen, Bahri Savcı onaylamışlardı. Bülent Ecevit onaylamıştı..."

Kuvvetler Ayrılığı ilkesi ile birçok Demokratik hak ve özgürlükleri taşıyan 1961 Anayasası'nın gölgesinde TİP destekli sosyalist aydınlar, Üniversite gençliğini kullanarak bunların suiistimaliyle Türkiye'yi ikinci kez kamplaşmaların ortasına sürükleyecekti. Oligarşi özlemcilerinin halkın tercihi olan AP'ye karşı ciddi rahatsızlıklarına karşın AP lideri Demirel bile 1961 Anayasası'nın Türkiye için lüks olduğunu dillendiriyordu. Bu tartışmaların gölgesinde, ortada olan ülkenin üniversiteler ve üniversite gençliği üzerinden günden güne yeni bir kamplaşmaya doğru itilmeye çalışıldığıydı. Üniversitelerde sosyalist gençliğin önderlik ettiği boykot ve gösteriler yaygınlaşmış, bunlara karşılık milliyetçi cephede de bir karşı örgütlenme başlamıştı. Öğrenci hareketlerinin gölgesinde iktidar ve ana muhalefet arasındaki uzlaşmazlıklar da gittikçe çözümü zorlaşan bir mecraya doğru sürükleniyordu.

O yıllarda İstanbul Üniversitesi'nde doktorasını tamamlamaya çalışan Mahir Kaynak üniversitelerin tamamen siyasete bulaştığı bu dönemi şu satırlarla anlatmaktadır: "*Üniversite, bilimi kalkan yapan siyasi bir kurumdan ibaretti ve burada Türkiye üzerinde çatışan tarafların senaryoları oynanıyordu. ABD, Sovyet tehdidi bahanesiyle Avrupa'yı ve Türkiye'yi kontrol ediyordu. Avrupa'da buna karşı bir akımın varlığını seziyordum ve Türkiye üzerindeki kavganın, güçlenmek isteyen Avrupa ile onu kontrol etmek isteyen ABD arasında olduğu sonucuna varıyordum. ...Görevi üniversiteyi yabancıların örgütlenmesinden korumak ve mensuplarının baskısız bir ortamda bilim üretmesini sağlamak olan devlet ve onun servisi olan MİT, kendi kliğini oluşturma peşindeydi.*"[31]

Kaynak içinde bulunduğu İstanbul Üniversitesi'ndeki sol hareketin analizini yaparken de şunları ifade etmektedir. "*O zamanlar sol kisvesi altında resmi ideolojiyi, Demokrat Parti'den beri devam eden karşı ideolojinin saldırılarından korumakla görevli olduğumuzu ve solun, statükonun temsilcisi olan CHP'nin desteklediği bir hareket olduğunu anlamıştım.* (Ben ise)*...Statükoya karşı savaşan, değişimden yana olan bir insan, resmi ideolojinin ön saflarında olan bir militana dönüşmüştüm. Bu rolümü hiç kabul etmedim... Ama yapacak bir şeyde yoktu.*"[32]

Bu yıllarda sosyal ve ekonomik sorunların farklı plâtformda tartışılır olması CHP'yi de yeni bir kimlik arayışına iter. Ne var ki *Ortanın Solu* sloganıyla merkez solda yer almaya çalışan partide seçim yenilgisinin de etkisiyle bir dalgalanma yaşamaya başlamıştır. Kendi anlatımlarına göre ortanın solunda ve sağında yer tutan Bülent Ecevit-Turhan Fevzioğlu arasındaki mücadelede İsmet İnönü, Ecevit'in safında yer almış ve başlatılan reform hareketini desteklemiştir. Buna karşın Turhan Fevzioğlu ve ekibi CHP'den ayrılarak Güven Partisi'ni kurar. Ecevit'in önderliğinde sosyal demokratlar ise Ekim 1968'deki 19. Kurultaydan sonra *Ortanın Solu* adıyla başlattıkları yeni hareketi 1969 seçimleri için yayımladıkları bildiride düzen değişikliği şeklinde adlandırarak, dönüşümün kazandırdığı yeni kimlik ile seçmen karşısına çıkacaklardır.

Fakat soldaki bölünme sadece CHP ile sınırlı kalmamıştır. Türkiye'nin 80'li yıllarıyla başlayacak birçok gelişmeye de

---

31 Mahir Kaynak, Yel Üfürdü Sel Götürdü, sh. 65.

32 Mahir Kaynak, age, sf. 62, 63, 67.

damgasını vuracak asıl bölünme TİP içerisinde olacaktır. Parti içerisinde ciddi fikir ayrılıklarının yaşandığı dönemde, parti amblemine kasketli bir köylü figürü ekleyip yeni vitriniyle halkın karşısına çıkmasına rağmen 1969 seçimlerinden büyük bir oy kaybı yaşayarak çıkan TİP'te Aybarcıların yerini alan Milli Demokratik Devrimciler (MDD) TİP'i ele geçirme mücadelesi içerisine girdiler. MDD'ciler ele geçiremedikleri takdirde partiyi yok etmeyi de göze almışlardı. Kongrelerde olaylar çıkararak naylon delege listeleri ekliyorlar, güçsüz oldukları yerlerde kongreleri erteletmeye çalışıyor, kimi zaman şiddete başvuruyorlardı.

Ama aynı yıllarda MDD'ciler de kendi aralarında bölünmekten kurtulamamıştı. Dört ayrı hizip ortaya çıkmıştı: Mihri Belli'nin başını çektiği Türk Solu ve Aydınlık Sosyalist dergi çevresinde toplanan hareket, Doğu Perinçek'in Aydınlık gazetesi ve 2000'e Doğru dergisi etrafında toplanan Mao'cu olarak bilinen Proleter devrimci aydınlıkçılar, Deniz Gezmiş`in liderliğindeki Türkiye Halk Kurtuluş Ordusu (THKO) ve Mahir Çayan'ın liderliğindeki Türk Halk Kurtuluş Partisi Cephesi (THKP-C). Bu gruplardan Beyaz Aydınlıkçılar olarak adlandırılan Doğu Perinçek Grubu, Abdullah Öcalan'ın da ara sıra toplantılarına katıldığı Doğu Devrimci Kültür Ocakları (DDKO) olarak bilinen doğulu sosyalist Kürt gruplar ve TİP kuruluşunda yer alan sendikacılar Ekim 1970'de yapılan TİP kongresinde yerlerini aldılar. Bu kongrede, *"Türkiye için Milli Demokratik Devrim (MDD) aşamasını savunmanın TİP üyeliği ile asla bağdaşmadığını beyan eder"* cümlesiyle sonuçlanan ve sosyalist bloktaki bölünmeyi açıkça ifade eden kararın alınmasını sağladılar. Akabinde Türk Solu, THKO ve THKP-C grupları TİP'ten dışlandılar. Enteresandır Milli Demokratik Devrim'e inanan bütün idealist sol grup ileri gelenleri 12 Mart muhtırasından sonra kimi idam edilerek kimi çatışmalarda öldürülerek devre dışı bırakılacaklardı.[33]

Doğulu delegelerin desteğini alabilmek ve solda bütünlüğü sağlamak adına Türkiye İşçi Partisi'nin 4. Büyük Kongresi'nde 8 maddelik Kürt sorunu hakkında önemli kararlar alınmıştır.[34] Ne var ki, bir süre sonra büyük bir kısmı TİP ile yollarını ayıran DDKO içinde örgütlenen Kürt gruplar da kendi aralarında bölünerek Rizgari, Kawa ve Ulusal Kurtuluş Cephesi (UKÖ) altında yeniden örgütlenecekti. UKÖ daha sonra Abdullah Öcalan'ın kontrolündeki PKK olarak yapılanmaya başlayacak unsurlardan oluşacaktı.

Bu dönemde aşırı sol düşünceli TİP ayrılan sol örgütlerin öğrenci derneklerinin ve Üniversiteli gençlerden oluşan "goşist" anarşisi Türkiye'ye egemen oldu. Ordu içinde de bölünmeler ve kıpırdanmalar ortaya çıktı. Bir grup subay 27 Mayısçı Cemal Madanoğlu ve Celil Gürkan'ın liderliğinde Yön ve Devrim dergilerinde "ulusal sol" anlayışına göre düşünce üreten CHP'li Doğan Avcıoğlu ile işbirliği içinde "Atatürkçü"(!) bir darbe hazırlığına girişti.

Alev Alatlı'nın *Aydınlar Oligarşisi* başlıklı aynı yazısında 1960'tan sonra nasıl bir Türkiye yapılmaya çalışıldığını anlatan yine Mehmet Sedes'ten yaptığı alıntıda, "*Türkiye'deki sahici iktidar, 20. yüzyıl ilk yarısına kadar İttihat Terakki, ikinci yarısın-*

33 12 Mart sonrası gerçekleşen bu tasfiye hareketlerinin benzeri 20 sene sonra 1990'lı yıllarda Dev-Sol lideri Dursun Karataş'ın DEV-SOL ve DHKP-C içerisindeki bölünme yüzünden, Dursun Karataş'ı bir hafta boyunca sorgulayan Karadenizli Bedri Yağan ve Dursun Karataş'ın bir süre eşi olan Sabahat Karataş grubunu MİT veya polise ihbar ederek ani baskınlarla öldürterek tasfiye etmesiyle yeniden yaşanacaktır. Zaman Gazetesi Yayın Koordinatörü olduğum o günlerde Zaman'da yer alan yargısız infaz iddialarını konu alan yayınlarımızdan dolayı 2000'e Doğru dergisinin Genel Yayın Yönetmeni Ferit İlsever gazetemize kadar gelerek yaptığımız yayınlardan etkilendiğini ve takdir ettiğini belirtmişti.

34 Bu kararların arka planı incelendiğinde gerek PKK hareketinin ortaya çıkışının ipuçlarıyla gerekse bugün hâlâ çözümlenemeyen suiistimal edilen aynı sorunlarla karşılaşmaktayız.

da ise TİP'tir. DP'si, AP'si ancak 1980'lerde iktidara gelebildi..." Şu isimlere baktığımda tespitin doğru olduğunu düşünüyorum: Mehmet Ali Aybar, sonra Nihat Sargın, Doğan Avcıoğlu, Hüseyin Korkmazgil, Mahmut Makal, Arif Damar, Şükran Kurdakul, Fethi Naci, Yaşar Kemal, Canan Selek, Mümtaz Soysal, Korkut Boratav, İdris Küçükömer, Demir Özlü, Erdoğan ve Merih Teziç, Demirtaş Ceyhun, Sadun Aren, Asım Bezirci, Metin Erksan, Çetin Altan, İlhan Selçuk, İlhami Soysal, Mehmet Kemal, Uğur Mumcu, Uğur Alacakaptan, Turgut Kazan ve şu anda hatırlayamadığım niceleri... Bu insanlar, ben on yedi yaşımdayken de iktidardaydılar, kırk yedi yaşımdayken de.

Ve "iktidar"dan sadece siyasi iktidarı değil, kamuoyu önderliğini kastettiğim açıktır. Kaldı ki, buradaki her ismi sen-ben-bizim oğlan ilişkileri nedeniyle en az on ile çarpmak gerekir. Meselâ bir Aybar, bir Aybar değil onlarca kişiydi: Teyzeoğlu Oktay Rıfat ve onu TDK, TRT, Sedat Simavi vb. ödüllerle onurlandıran "aydınlar jürisi." Sonra öteki akraba Melih Cevdet Anday; sonra öteki akraba Orhan Veli, sonra Adnan Veli Kanık, sonra Simaviler vb... Bu aydınlar Lenin'in sözünü ettiği "gerçek oligarşi"ydi ve bence TİP'in evini yıkan da bu oligarşi oldu..."[35] demektedir.

Alev Alatlı'nın yazısının başlığına konu olan Türkiye'nin büyümesinin önünde engel olan işte bu aydınlar oligarşisidir. Bugün iktidarların bir türlü muktedir olmasına fırsat vermeyen güçler arasında YÖK gibi kurum ve mensupları bu aydınlar oligarşisi içinde önemli bir yer tutmaktadır.

Tüm bu bölünmelerin üstüne, merkez ve solda yer alan aydınların savundukları sosyal adalet, bağımsızlık gibi kavramları tanımlayamamaları yüzünden halk kitlelerinden de seçimlerde

35 Alev Alatlı, Valla Kurda Yedirdin Beni, Alfa Yayınları, 2001.

umdukları desteği alamamalarına karşın Demirel gerek dış politikada Sovyetler Birliği'yle yaşanan yakınlaşmanın ekonomide gözlenen olumlu neticeleri, gerekse bu dönemde açılan yeni İmamhatip Okulları'ndan ve güçlenen İslami basından cemaat temsilcilerinin meclise sokulmasına halkın manevi duygularına hitap etme çabasının karşılığını 10 Ekim 1969'da yapılan serbest seçimlerde rekor denecek seviyede yüzde 53 oy alarak görecekti. AP yine tek başına iktidarı elde etmişti. Ne var ki, Sovyetler Birliği ile söz konusu yakınlaşma ABD ve Avrupa'yı, özellikle İngiltere'yi ciddi rahatsız edip, bir yönüyle. Başarılı olamayan 9 mart muhtırası sonrasında 12 Mart muhtırasının zeminini hazırlarken, seçimlerden yine halkın tercihlerinin galip çıkması oligarşi taraflarını hali hazırda üniversite gençliği üzerinden sahnelenen kargaşa ve kaos ortamına askeriyeyi de ortak etme yoluna sokacaktır.

Seçimlerden hemen sonra AP içinden Hüsamettin Akmumcu ve 3 arkadaşı istifa ederek, 1969 yılı genel seçimlerinde AP'den Demirel'in karşı gelmesi sebebiyle veto yiyen ve Konya'dan bağımsız milletvekili seçilen Necmettin Erbakan liderliğinde Milli Nizam partisini kurdular. 12 Mart muhtırası sonrasında Anayasa Mahkemesi tarafından MNP kapatıldı.

3 Kasım 1969'da kurulan 2. Demirel hükümeti bir süre sonra parti içinde oluşan bir kriz sonrasında, Meclis Başkanı Ferruh Bozbeyli'nin 41 arkadaşı ile ayrılmasının akabinde 1970'te 3. Demirel hükümeti kuruldu. Demirel Meclis Başkanı Ferruh Bozbeyli ve arkadaşlarının ayrılmalarını ciddiye almadığı için geri dönmeleri yolunda gayret göstermedi. 1969'da AP'nin tek başına iktidara gelmesinden sonra planlı olarak başlatılan şiddet olayları, 1970'lerde hızla artarak sağ-sol kavgaları 1971'de sokak hareketlerine dönüştü. Başta ODTÜ olmak üzere pek çok üniversitede kontrolü elde tutan solcu gruplarda silahlı mücadele yoluyla devrim yapma eğilimi güçlendi. Lübnan'da Filistinli silahlı gruplarla işbirliğine gidecek noktaya kadar varan bu

eğilimin yukarıda da bahsedildiği gibi ordu içinde sol bir cunta ile flört ettiği sonraları ortaya çıkacaktı.

Sivillerden Doğan Avcıoğlu ile 27 Mayısçı emekli General Cemal Madanoğlu'nun başını çektiği bir cunta 9 Mart 1971'de bir darbe ile iktidarı ele geçirme planları yapmaktaydı. Ne var ki Cemal Madanoğlu ve Celil Gürkan grubunun kendi içinde anlaşmazlığa düşmesiyle birlikte 9 Mart 1971 tarihinde planlanan darbenin o dönemdeki MİT elemanı Mahir Kaynak'ın ihbarıyla sonuçsuz kalmasının akabinde 12 Mart 1971'de Genelkurmay Başkanı Memduh Tağmaç liderliğindeki ordu, hiyerarşi içinde, bir muhtıra ile Cumhurbaşkanı Cevdet Sunay'ın desteğinde Demirel hükümetini istifaya zorladı. "İttihattan Günümüze" başlıklı yazı dizisinde o günleri kaleme alan Sadık Albayrak 9 Mart darbesinin gelişimini ve önlenmesini şu satırlarla anlatıyor: "*Cuntacılar Devrim Anayasası ve Devrim Partisi Tüzüğü, Devrim Konseyi ve Bakanlar Kurulu listesi hazırladı. Amaç BAAS modelini esas alan sol bir rejimi Türkiye'de egemen kılmaktı. Plana göre Orgeneral Faruk Gürler Devlet Başkanı, Muhsin Batur Başbakan, Tümgeneral Celil Gürkan Başbakan yardımcısı, Bahri Savcı Adalet Bakanı, Osman Olcay Dışişleri Bakanı, Nusret Fişek Sağlık Bakanı, Altan Öymen Basın Yayın Bakanı, hatta Uğur Mumcu da Gençlik Bakanı olacaktı. Cuntanın en tepe noktasına sızmayı başaran MİT ajanı Mahir Kaynak'ın açıklamalarına göre, cunta 1966'dan itibaren faaliyetteydi ve attığı her adım izleniyordu. İstanbul Üniversitesi İktisat Fakültesi'nde radikal solcu olarak bilinen öğretim görevlisi Mahir Kaynak, 27 Mayısçı Cemal Madanoğlu'nun en yakınında yer aldı. Ancak sol cuntanın varlığı, ordunun genel eğilimini yansıtan ana gövdeden icazet alamadı. Cunta 1971'in Mart ayında çatladı. 9 Mart'ta sol bir darbe planlanmışken, Kara Kuvvetleri Komutanı Faruk Gürler ve Hava Kuvvetleri Komutanı Muhsin Batur saf değiştirdi. Komutanlar, 9 Mart'taki darbeyi engellediler...*"[36]

36 Sadık Albayrak, "İttihattan Günümüze", Milli Gazete, 1996.

Başbakan Demirel, Ferruh Bozbeyli ve sağ kesimden Erbakan ve arkadaşları ile uzlaşmaz davranışları sebebiyle siyasi tabanında kayma olduğu için 12 Mart'ta muhtıraya karşı direnme şansını bulamadı. Üniversitelerde başlayan sağ-sol kavgaları silahlı eylemlere dönüşünce bir yıl sonra 12 Mart 1971'de askerlerce verilen muhtıra sonrasında Demirel, Cumhurbaşkanı Cevdet Sunay'ın desteğini alamadığı için istifa etmek zorunda kalıyordu. 12 Mart'ta istifa eden Başbakan Demirel, 26 Mart 1971'de askerlerin vesayetinde kurulan Nihat Erim'in 9 Mart ve 12 Mart muhtıra taraftarlarının sivil uzantılarından oluşan teknokratlar hükümetine iktidarı teslim etmek zorunda kaldı.

12 Mart günlerini hatıralarında anlatan Ferruh Bozbeyli'nin AP'sinden ayrılan 40 milletvekili ile kurduğu Demokratik Parti'nin (DP) grup başkan vekili Hasan Korkmazcan, *"Akşamüstü hükümetin istifa ettiği haberi geldi. Artık yapacak bir şey yoktu. Meclis'te 12 Mart muhtırası okunurken, AP'li hükümet üyeleri toplantı halindeymişler. Hükümetin istifası muhtıranın kabul edildiğini gösteriyordu. Ertesi gündü sanıyorum. Cumhurbaşkanı Cevdet Sunay her partiden üçer kişi olmak üzere hepimizi Çankaya Köşkü'ne davet etti. DP'den Genel Başkan Ferruh Bozbeyli, Grup Başkanvekili olarak ben, yanlış hatırlamıyorsam Cevat Önder ya da Talat Asal gittik. CHP'yi temsilen İsmet paşa ve iki arkadaşı vardı. Kontenjan Senatörleri ve Milli Birlik Grubu senatörleri de var. Sunay bize, "Arkadaşlar şimdi size ikramda bulunacak" dedi. "Tepsilerde çay, gazoz, kurabiye vesaire var." dedi. Garson kimseye ne istediğini bile sormadan gelişi güzel dağıttı. Ben de oraya geliyorum. Ne olup bittiğini bilmediğimizden merakla bekliyorduk. Sunay hemen söze girdi, "Şimdi size muhtırayı okutacağım" dedi. Yaverlerinden biri miydi yoksa bir sivil görevli miydi hatırlamıyorum, muhtırayı ayakta okuttu ve "Toplantı bitmiştir" dedi. Sunay'ın muhtıracılarla aynı doğrultuda olduğunu böylece anladık*" demektedir.

12 Mart muhtırası, kendi içerisinde bölünmüş olan ordunun içerisindeki sol yapılanmanın tasfiyesi niteliğini aşmış, sağcı Süleyman Demirel'i iktidarından uzaklaştırırken, ülkenin pek çok sol görüşlü yazar ve düşünürünün de tutuklanması, işkence görmesi ve senelerce hapis yatmasıyla sonuçlanacak tam anlamıyla bir sol karşıtı darbe havasına bürünmüştü.

Mehmet Eymür'ünde katıldığı uzun sorgulamalarla çözülen askeri kanatın DHKP-C destekli 9 Martçılarına yönelik balyoz adı verilen operasyonlar sonucunda Cumhuriyet başyazarı İlhan Selçuk başta olmak üzere binlerce solcu tutuklandı, yargılandı, mahkûm edildi. Mehmet Eymür Ziverbeyde MİT tarafından aynı dönemde yargılanıp ordudan atılan ve daha sonra Ziverbey sorgulamaları sebebiyle, Kontrgerilla üzerine kitaplar yazan gazeteci Talat Turhan'ında aralarında bulunduğu asker ve sivil karışımı sol cunta elemanlarının ortaya çıkarılışını Eymür "Analiz-Bir MİT mensubunun anıları" adındaki kitabında anlatmaktadır.[37]

12 Mart muhtırasından 4 gün sonra 9 Martçı olduğu bilinen 13 subay ordudan tasfiye edildi. Tümgeneral Celil Gürkan'ın yanı sıra Tümgeneral Şükrü Köseoğlu, Hv. Tuğgeneral Ömer Çokgör, Tuğgeneral M. Ali Akar, Tuğamiral Vedii Bilget, Kurmay Albay Nedim Arat, Kurmay Albay Bahattin Taner, Piyade Albay Kadir Tandoğan, Piyade Albay Ömer Şamlı, Kara Pilot Albay Hidayet Ilgar, Muhabere Albay Mehmet Namlı, Tank Albay Kadir Ok ve Tank Albay Cavit Bayer tasfiye edilen subaylar arasında yer aldı.

O günleri yazan eski Hava Kuvvetleri Komutanı Muhsin Batur, muhtıraya giden süreci ve sonrasını ise şöyle anlatıyor: "O

---

37 Mahir Çayan ve arkadaşlarının Maltepe askeri cezaevinden kaçmasının akabinde 9 Martçılara yönelik MİT tarafından Ziverbey'deki -Konrtra gerillanın merkezi olduğu iddia edilen- Beyaz Köşk merkezli "Balyoz Harekâtı"yla asker ve sivil karışımı sol cunta elemanlarının ortaya çıkarılışının ayrıntılarını bizzat sorgulamalarda bulunan Eymür'ün Analiz: Bir MİT Mensubunun Anıları adlı kitabında (sf. 66–71) bulmak mümkün.

dönemde Silahlı Kuvvetler Doğan Avcıoğlu grubu ile siyasete bulaştı ve ikiye bölündü. Bu bölünme hem devlet erkânı tarafından, hem askerler tarafından biliniyordu. Ben kendi raporumda da onu belirttim.

Peki, niye onlara karşı tedbir alınmadı? Alınamadı çünkü Türkiye'yi onlar bu hale getirmemişti. Onlar da hal çaresi arıyordu. Onların hal çaresi çok katı idi. Biz uyum göstermiyorduk. (CHP'li) *Doğan Avcıoğlu'nun planına göre bütün partiler kapanacak, sendikalar kapanacak, devrim konseyi kurulacak, bütün devlet erkânı mostralık olacak, ithalât-ihracat devletleşecek...* (1940'da uygulanan Milli Şef İnönü modeli. H.E.) *Böyle bir düzen. Ama biz* (12 Mart Muhtırasını kastetmektedir. HE) *hiçbir şey yapmasak alt taraftan* (ordudan) *başka bir hareket gelecekti. 27 Mayıs örneği gibi. Biz 12 Mart Muhtırası vererek orta yolu bulmak istedik. Ama sonunda başarılı olamadık. Yapmayı düşündüğümüz hiçbir işi yapamadık. Hâlâ aynı sorunlar Türkiye'nin gündeminde..."*

9 Mart'taki darbe girişimini deşifre eden Mahir Kaynak'a göre 9 Mart'ta yapılmak istenen darbenin arkasında Rusları aramak beyhude bir çabaydı, bakılması gereken asıl adres İngiltere'ydi.[38] Rusya'yla ilişkilerin geldiği nokta ve en son ABD'nin Türkiye'de ekimi yapılan afyon alanlarının sınırlandırılması talebinin Demirel Hükümeti'nce kabul edilmemesi 12 Mart muhtırasının yapılmasına dışardan göz yumulduğunu gösteren gelişmelerdir. Nitekim 12 Mart muhtırasının akabinde Cumhurbaşkanı Cevdet Sunay'ın da desteğini alamayınca istifa etmek zorunda kalan Demirel hükümetinin yerini alan Nihat Erim başbakanlığındaki teknokrat hükümetleri döneminde afyon ekim

---

38 Mahir Kaynak, age, sf 74-75. Dönemin Hava Kuvvetleri Komutanı Muhsin Batur, 12 Mart muhtırasının dış tesirlerle yapıldığı iddialarına karşın kişisel olarak böyle bir emareye rastlamadığını dile getirmiştir.

alanları Afyon ve çevresiyle sınırlandırılmış, Sovyetler Birliği'yle ile Demirel döneminde başlayan ekonomik ilişkilerse 1976'ya kadar sürecek belirgin bir duraklama dönemine girmiştir.

Her halükarda ortada olan gerçek, oligarşi taraflarının elinde şekillenen resmi ideolojinin 12 Mart muhtırasıyla hem muhtıra öncesi kaos ortamının oluşmasında faydalandığı Deniz Gezmiş ve Mahir Çayan'ın liderliğini yaptığı THKO ile THKP-C başta olmak üzere aşırı sola hem de halkın statükocu, anti-demokratik CHP-TİP zihniyetine karşı tercih ettiği AP iktidarına da ders verdiğidir.

Aslında ordu kendi içindeki 9 Martçı ekibi tasfiye peşinde olduğu için, 12 Mart muhtırası sağcı Süleyman Demirel'i iktidardan uzaklaştırırken, statüko tarafından tam anlamıyla asker ve sivil sosyalist ve devrimci idealist solu ezen bir uygulamaya dönüştü. Cuntacılarla işbirliği yapan asker görevliler ordudan atılırken, Mahir Çayan ve pek çok solcu örgüt üyesi çatışmalarda hayatlarını kaybederken, Deniz Gezmiş, Yusuf Aslan ve Hüseyin İnan'da idam edildiler.

Kısacası Laik ve demokratik Cumhuriyet taraftarı halk çoğunluğuna ve onun seçtiği AP iktidarına karşı antidemokratik bir 12 Mart muhtırası ile Oligarşik zihniyet bir kere daha galip geldiler. Böylece Oligarşik laikçi seküler Cumhuriyetçiler bir taşla iki kuş birden vuruyorlardı. Laikçi cumhuriyet taraftarları olan statükonun 27 Mayıs'tan sonra 2.bir kazanımı olarak 12 Mart muhtırası tarihteki yerini almıştır. Ama bu dönemde toplumda sağ ve sol dışında sosyalist, komünist, laik, anti laik, dindar, alevi, Sünni, Türk veya Kürt ayrımı pek fazla belli değildi.

Silahlı Kuvvetlerin 12 Mart 1971'deki müdahalesinden sonra, CHP içinde ciddi fikir ayrılıkları çıktı. CHP'de Ecevit ile İnönü arasında 12 Mart muhtırası ciddi ihtilaflara sebebiyet verdi. Bu dönemde İnönü'nün onayı ile CHP destekli teknokrat hükümetleri kurulmaya başlandı. CHP'nin tutumu konusunda parti içinde önemli görüş ayrılıkları belirdi ve İnönü parti genel sekreteri Bülent Ecevit'le anlaşmazlığa düştü. Ecevit'e göre, 12 Mart müdahalesinin amacı, CHP içinde egemen olan "ortanın solu" politikasına son vermek ve CHP'nin iktidar olmasını önlemekti. İnönü ise, 12 Mart müdahalesine açıkça karşı çıkılmasını onaylamıyordu. Yeni kurulacak teknokrat hükümetine partinin üye verip vermeyeceği konusunda beliren anlaşmazlık sonucunda Ecevit parti genel sekreterliğinden istifa etti. Partide hiç bir yetkisi olmayan sadece Mecliste CHP milletvekili olan Ecevit'le yoğun bir mücadeleye giren İnönü, Mayıs 1972'de toplanan 5. Olağanüstü Kurultay'da, politikasının partisince onaylanmaması durumunda istifa edeceğini açıkladı. Kurultayda parti meclisi Ecevit'in yanında yer alınca da 8 Mayıs 1972'de CHP genel başkanlığından ayrıldı. Türk siyasal yaşamında parti içi mücadele sonucunda değişen ilk genel başkan olan Milli Şef İnönü, 4 Kasım 1972'de CHP üyeliğinden, 14 Kasım 1972'de de milletvekilliğinden istifa etti. Başvurusu üzerine MBK üyelerinin Senatoda yer alması için 61 Anayasası ile oluşturulan müessese olan tabii senatör olarak Cumhuriyet Senatosu'nda görev aldı. Vefatına kadar tabii senatör olarak vazife yapmıştır.

1971–1980 Arasında Teknokrat Hükümetleri, MC-Sol İktidar Kavgaları, Ecevit- Erbakan-Demirel-Türkeş Dönemi

12 Mart Muhtıra'sını izleyen günlerde Türkiye Nihat Erim başbakanlığındaki, CHP destekli teknokrat hükümetleri tarafından yönetilmeye başlandı. Nihat Erim başbakanlığında Mart 1971'da kurulan 1. teknokratlar hükümeti, 9 Martçı ve 12 Martçı askerlerin tercihlerinden oluşuyordu. Fakat 9 Martçı Cemal Madanoğlu cuntasının Mahir Kaynak tarafından mahkemede deşifresi sonrasında hükümet içerisinde, 9 Martçıların bakan yaptırdığı 9 kişinin tasfiye edilmesiyle 1. Teknokrat Hükümeti

ömrünü tamamlayacaktı. Aralık 1971'de kurulan 2. Nihat Erim hükümeti tamamen 12 Mart'ı gerçekleştirilenlerin tercihlerinden oluşacaktı.

Mayıs 1972'de Nihat Erim istifa edince yeni bir teknokrat hükümeti Ferit Melen başbakanlığında kuruldu. Melen'in istifasının akabinde de Nisan 1973'ten Ocak 1974'e kadar sürecek Naim Talu hükümeti görevi devralacaktı.

Ara rejimlerle geçen bu bunalımlı döneme 1973 seçimleri kısmen nokta koyabildi. Ecevit 14 Ekim 1973 seçimlerinde %33.4 oy oranıyla Türk siyasi tarihinde bir sol partinin demokratik seçimler ortamında ilk kez birinci parti olarak çıkmasını sağladı. 12 Mart Muhtırası'ndan sonra İnönü ile Ecevit arasında ciddi fikir ayrılıklarına sahne olan CHP'nin bu düzeyde bir oy oranına ulaşmasında o sırada Türkiye İşçi Partisi'nin Anayasa Mahkemesi tarafından kapatılmış olmasının da etkisi oldu. Ancak CHP, MNP yerine kurulan MSP sayesinde seçimleri Adalet Partisi'nin önünde tamamlamasına karşılık Meclis'te çoğunluğu alamamıştı. Bunun üzerine, Ecevit 26 Ocak 1974'te Necmettin Erbakan liderliğindeki Milli Selamet Partisi ile kendi başbakanlığında bir koalisyon hükümeti kurmak zorunda kaldı. Kıbrıs Savaşı'nda ortaya çıkan ihtilaflardan sonra içte birçok "sosyal ve kültürel" başarılar sağlayan bu hükümet zamanında, daha önceki Teknokrat hükümetleri döneminde orta kısımları kapatılan İmamhatip Okulları yeniden açılmış, bunlara ilaveten bilhassa zamanın Milli Eğitim Bakanı, CHP'li Mustafa Üstündağ'ın da etkisiyle birçok yeni İmamhatip Okulu faaliyete geçmiştir. Ne var ki bu koalisyon hükümeti, Başbakan Ecevit'in İskandinav ülkelerine gidişte, vekâleti, Başbakan Yardımcısı Erbakan'a bırakmayarak, CHP genel sekreterine bırakmak istemesine tepki olarak kararnameyi MSP'li bakanlar imzalamamasıyla tırmanan kriz sonrası 10 ay süren kısa ömrünü tamamlayacaktı. Kıbrıs Barış Harekâtı ile birçok sol görüşlü öğrencinin üniversitelere dönmesine imkân sağlayan öğrenci affı[39] bu dönemin en çok konuşulan uygulamalarından olacaktı.

CHP-MSP koalisyonunun Kasım 1974'te sona ermesinin akabinde seçimlerden ikinci parti olarak çıkan AP Başkanı Demirel'in hükümet kurmaya muvaffak olamaması üzerine Sadi Irmak başbakanlığında, Kasım 1974'te ortak bir koalisyon hükümeti kuruldu. Fakat Mart 1975'e gelindiğinde bu koalisyon hükümeti de dağılacaktı. Bunu izleyen günlerde Cumhurbaşkanı Bayar'ın da devreye girmesiyle estirilen "Milli Cephe" havasının neticesinde Demirel, MSP, MHP ve Turhan Fevzioğlu'nun liderliğindeki CGP ile anlaşarak 1. Milli Cephe hükümetini 31 Mart 1975'te kurdu. 12 Nisan 1975'te TBMM'den güvenoyu alan hükümet 2 yıl 3 ay süreyle ülke yönetiminde söz sahibi olacaktır.

MSP, daha önce CHP ile yapılan ortaklıkta "anahtar rolü" üstlendiği gibi bu kez de 1. MC hükümetinde "kilit rolü"ndedir. Erbakan, 1. MC hükümeti içinde başbakan yardımcısı olarak aldığı yetki ile sanayi ve ekonomik konularda, Başbakan Demirel'in rahatsız olmasına rağmen, 1976 yılını "Ağır Sanayi Hamlesi yılı" olarak ilan etmişti. Halk sanayi ve diğer yatırım alanlarında MSP'lileri görüyordu. Ne var ki, bu kez hükümet, MSP üzerinden ithamlarla karşı karşıya geliyordu. MSP'nin kullandığı "millî" kelimesini, CHP'liler "dinî" olarak algılıyor, bu yüzden, milli kelimesini kullanarak takıyye yaptıklarını ileri sürüyorlardı. MSP'nin ileri gelenlerinden Dr. Fehmi Cumalıoğlu, din ve vicdan üzerine baskı yapılmamasını isterken, CHP'liler de, MSP'nin anladığı laiklik anlayışının Anayasa'ya aykırı olduğunu savunuyordu. İlginçtir ki, bu tavırlarıyla CHP'liler bir yıl önce MSP ile yaptıkları "ortaklığı" ve ortaklık şartları sonucu

39 Sınırlı sayıda insan için çıkarılmak istenen af, 12 Mart döneminde mağdur olan birçok insanı kapsayacak şekilde Anayasa Mahkemesi tarafından umuma tesmil edilince "sağcı kesim"den MSP'ye büyük bir itham yöneltildi: "Komünistleri affettiniz." Bu "itham" yıllarca sürdü.

açtıkları İHL ve diğer hükümet icraatlarını unutmuşa benziyorlardı.

Türkiye, 1. MC hükümeti ile 5 Haziran 1977 seçimlerine girdi. Yüzde 41.4'lük rekor oy oranıyla 1977 seçimleri de Ecevit liderliğindeki CHP'nin zaferiyle sonuçlandı. CHP yüzde 41.4, Adalet Partisi ise yüzde 36.9 oy almıştı. Ancak bu sonuç da tek başına bir Ecevit iktidarına elvermedi. CHP 213 milletvekili çıkardıysa da tek başına bir Ecevit iktidarı için üç milletvekilliği daha gerekiyordu. MSP ise bu seçimlerde büyük oy alarak 51 milletvekili ile meclise girmeyi başarmıştı. 15 Haziran 1977 tarihinde kurulan Ecevit azınlık hükümeti meclisten temmuz ayında gerçekleştirilen oylamada güvenoyu alamadı. Bunun üzerine Temmuz 1977'de Demirel başkanlığında 2. Milliyetçi Cephe hükümeti kuruldu. Adalet Partisi, (AP) Milli Selamet Partisi (MSP) ve Milliyetçi Hareket Partisi (MHP) yeniden bir araya gelmişti. Bu dönemde, *"Kumar borcu olmayan 11 milletvekili arıyorum"* tarihî sözünü söyleyen Ecevit, daha sonra İstanbul'daki Güneş Motel'de görüştüğü Adalet Partili 11 milletvekiline bakanlık sözü vererek MC hükümetini düşürme girişimlerini başlatacaktı.

Nitekim verilen gensoru ile 2. MC hükümeti kurulmasının üzerinden bir yıl geçmeden düşünce Ecevit 5 Ocak 1978'de başbakanlık yapacağı yeni hükümetini AP'den istifa eden Tuncay Matarcı ve 10 arkadaşına bakanlık vererek kurdu. Fakat siyaset sahnesinde bu iktidar mücadelesi sürerken, Türkiye'de şiddet günden güne tırmanıyordu. Üniversiteler ve şehirler hatta adeta sokaklar sağ-sol arasında parsellenmişti. Döviz krizi patlak vermişti. Ecevit, Aralık 1979'da iktidarı bırakmak zorunda kalınca Demirel MSP ve MHP ile birlikte aynı tarihte 3. MC hükümetini kuruyordu.

Siyaset sahnesi bir türlü durulmazken, sergilenen dirayetsizliğin sonucu Türk halkını 12 Eylül'e adım adım yaklaştırmaktaydı.

Ülkede o dönemde müsteşar olarak görev yapan Turgut Özal'ın[40] tavsiyeleriyle alınan ekonomik liberalleşmeyi hedefleyen 24 Ocak kararları sonucu ekonomi yoluna girerken anarşi artmakta, ülkenin birçok yerinde olağanüstü hal ve sıkıyönetim ilan edilmesine rağmen bir türlü akan kan durdurulamamaktaydı. Evren Paşa'nın tabiriyle *işin kıvama gelmesi* beklenmekteydi.

12 Eylül'ün "Nitekim" paşası Kenan Evren'in deyimi ile iş kıvama getirilince de 12 Eylül'de asker emir komuta zinciri içinde yönetime bir kere daha el koymuştu. Demirel, Ecevit, Erbakan, Türkeş ve birçok siyasi lider Çanakkale Hamzakoy'e sürgüne yollanmışlardı. Ülkede bir türlü demokrasi, insan hakları, din ve vicdan özgürlükleri hiç bir zaman tam olarak geliştirilememişti.

Ayrıca 12 Eylül darbesinin dış etkeni olarak 1974 Kıbrıs Savaşı sırasında yapılan Albaylar cuntasının darbe yapması sebebiyle NATO'dan atılan Yunanistan 1979'da geri dönmek için yaptığı başvuruyu ABD'nin taleplerine rağmen Türk siyasi iktidarları veto etmişti. Siyasetçilere istediğini yaptıramayan ABD, 12 Eylül darbesi sonrasında ise "bizim çocuklar" dediği iddia edilen darbeyi yapan Türk askerine yaptığı tavsiyeleri doğrultusunda Yunanistan çok kolayca NATO'ya geri dönme şansını elde etti. Bugün ise hala Türkiye'nin AB girmesi yolunda en büyük engeli Kıbrıs Rum kesimi ve Yunanistan çıkarmaktadır.

12 Eylül'e Nasıl Gelindi ve Darbe Sonrasında Neler Yaşandı?

12 Eylül döneminde PKK, Kürt meselesini Güneydoğu'da Apocular ekseninde yürütmeye başladı. İktidarın sivillere geç-

---

40 Turgut Özal, 1977 Genel Seçimlerinde MSP'den İzmir Milletvekili adayı olur ama seçimi az bir farkla kaybeder. MESS'de üstlendiği Sendika Başkanlığı'nın ardından Aralık 1979 yılında Süleyman Demirel başkanlığında kurulan azınlık hükümetiyle tekrar devlet memurluğuna dönen Özal'a, Başbakanlık Müsteşarı ve DPT Müsteşar Vekilliği görevi verilir.

meye başladığı 1984 yılında kitlesel ilk silahlı eylemini yaptı. Güneydoğu'da var olan ağalık ve şeyhlik düzeninin yıllar içerisinde devletin çeşitli müdahaleleri ile gücünü kaybetmesine rağmen devlet meydana gelen boşluğu dolduramadı. Modern kurum ve siyasetin dolduramadığı boşluğu PKK çok iyi istismar etti. Ortaokul veya liseyi bitirmiş, dini yönden tatmin edilmemiş işsiz ve serbest kalan gençlik yaptığı çeşitli eylemler ile devlet güvenlik güçleri ile karşı karşıya getirildi... 12 Eylül döneminde Diyarbakır cezaevinde yapılan kötü muameleler 1984'ten sonra PKK desteğinde ayaklanmalara ve silahlı mücadeleye dönüştü. Avrupa'ya siyasi mülteci olarak başvuran insanlarımız sayesinde Avrupa başkentlerinde 2000'li yıllara kadar maddi ve manevi destek buldu.

Ancak Türkiye'deki PKK hareketi Irak, Suriye ve İran'daki Kürt hareketlerinden farklı strateji sergiliyordu. PKK, geleneksel aşiret siyaset ve dinî meşruiyeti reddeden bir politikaya dayanıyordu. Hatta PKK, bu geleneksel dini kurum ve sembolleri ortadan kaldırmaya çalışan Marksist-Leninist bir hareketti. Ancak PKK'yı, sair geleneksel ulusal kurtuluş mücadelesi veren hareketlerden ayıran örgütsel bir özelliği vardı: Önderin, yani Abdullah Öcalan'ın putlaştırılması... Bu bakımdan örgütün bir adının da *Apocular* olarak bilinmektedir. PKK'yı, bu örgütlerden ayıran şey ise onun Marksist-Leninist karakterini örtecek etnik karakteri, etnik Kürt milliyetçiliğidir... Apo'ya göre, "şiddet sayesinde, köle ruhlu, şahsiyetsiz Kürtler, yeniden millet olabilecek, "Serok Apo" sayesinde Kürt milleti oluşturulacaktı." PKK, bu haliyle 1950 ve 1960'ların, milliyetçi-sosyalist söylemli, etnik milliyetçi şiddet hareketlerine benzemektedir... İşte PKK'yı, belli bir güce ve bu çerçevede de açmazlara hapseden şey, 1960'ların modelini 1980'lerin sonunda ve 1990'larda hayata geçirmeye çalışmasıdır.

PKK'nın 1980'li yıllarda gelişmek için nasıl kolay bir zemin bulduğunu görmekteyiz. Böylece Türk solu ve sosyalizmi çok ciddi aktif bir tabanı olan Kürtleri kaybediyordu. Bunun üzerine solun oturacağı taban bulma konusunda toplumun çoğunluğunu oluşturan Sünni kesime karşı tarihten gelen farklılığı olan, cumhuriyet döneminde yapılan devrimlere sıcak bakan ve Atatürk'ü çok seven *Aleviler* seçildi. 12 Eylül 1980'e kadar 10 yıl boyunca solcu CHP başta olmak üzere TİP için devrimci ve sosyalistler için taban olarak seçilen Alevi gençlik ve aydınlar üzerinden askeri destekli komünist bir darbe için ciddi çalışmalar yapıldı. Fakat ABD yanlısı olduğu iddia edilen 12 Eylül darbesi ile yapılan bu çalışmalar yine akim kaldı.

1970'ten 1980'ne kadar yapılan bu çalışmalarla devlet bürokrasisine üst düzey idareciler ve özellikle askeri okullara çok ciddi kendi çıkarlarına iş yapacak öğrenciler sokuldu. 12 Eylül'e kadar yapılan bu çalışmalar Kenan Evren'in yaptığı Amerika destekli sağ tandanslı darbe ile akamete uğradı. Birçok aşırı solcu ve ateist öğrenci ve subay askeri okullardan ve ordudan atıldı. Aynı durum 12 Mart 1971 darbesinde de yaşanmış; daha çok aşırı solcu, cuntacı ve sosyalist silahlı devrimci olan ordu mensupları ordudan uzaklaştırılmıştı.

12 Eylül'e adım adım yaklaşırken MİT, polis, üniversite gençliği ve hocaları ile devletin bütün kurumlarında sağ ve sol gruplaşmalar legal veya illegal yollarla tesis edilmektedir. Öyle ki, devletin istihbarat kurumu dahi bir yandan yabancı güçlerin bir yandan da devlet içerisindeki illegal yapılanmaların yuvası haline gelmiştir. 25 Aralık 1977 tarihli gazetelerin manşetinde "*MİT İstihbarat Başkan Yardımcısı casusluk iddiası ile tutuklandı*" ve "*Sabahattin Savaşman Amerika ve İngiltere hesabına casusluk yapmakla suçlanıyor*" ibareleriyle yer alacaktı.

---

41 Age, sf. 118–119. Örneğin bu dönemde İsrail İsrail Başkonsolosu Efraim Elrom'un THKP-C tarafından kaçırılması olayına adı karışan Hava Harp Okulu'nda görevli İstatistik öğretmeni Yüzbaşı İlyas Aydın'ın da MOSSAD ajanı olduğu, olayın da bizzat MOSSAD tarafından planlandığı iddia edilecektir.

Skandalın ortaya çıkarılmasına *Yel Üfürdü Su Götürdü* adlı kitabında yer veren Mahir Kaynak[41], burada ikinci bir skandalı da ortaya çıkaracaktır. Kaynak, 2937 sayılı MİT kanunu yetkileri gereği Savaşman olayında olduğu gibi casusluk olayları dâhilinde yurt dışı istihbarat ve kontrespiyonajlar (karşı casusluk) için yapılmasının mantığı olmasına rağmen, 1960'dan sonra asker kökenli müsteşarlar yüzünden hemen hemen bütün mesaisini ülke içine yönelten MİT'in, Muhtıra ve darbelerin istihbaratını iktidarlara bildirmediği gibi 12 Eylül öncesinde başta Ecevit ve Demirel olmak üzere siyasetçileri karşı karşıya getirebilmek için provokatif amaçlı sahte raporlar yazdıklarını da aynı eserinde anlatmaktadır[42]. Onlarca vatandaşımızın hayatını kaybettiği sokaklarda birbirine kırdırılan gençler de aynı komplonun figüranları haline gelmektedirler. Aynı silahtan çıkan bir kurşun sabah bir solcunun canını alırken, bir diğer kurşun öğleden sonra bir sağcının öldürülmesinde kullanılmaktadır.

12 Eylül darbesi adım adım, bu ve benzeri, devlet içinden yönlendirilen provokatif yüzlerce olaydan sonra gerçekleşmiştir. Mahir Kaynak'ın bahsi geçen eserini okuduğunuzda 1980 öncesi yapılan provakasyonların benzerlerinin, 1987, 1996, 1997, 1998, 2001'de ve en son Susurluk uzantısı olduğu anlaşılan Temmuz 2005'te ortaya çıkan ve bazı askeri yetkililerce kapatılmaya çalışılan, Diyarbakır JITEM davası ile Kasım 2005'te meydana gelen Şemdinli ve Silopi'de ortaya çıkan provokatif amaçlı bombalamalar ve çeşitli andıçlar, zamanlı zamansız üst düzey askeri(!) yetkiliden yapılan gizli açıklamalar(!), provokatif amaçlı MİT raporları ve Mafya bağlantılı benzerlerinin medyada yansıması ile ülkemizde tezgâhlanmak istenen birçok olayı bugün artık apaçık fark edebiliyorsunuz.

12 Eylül öncesinde Genelkurmay Başkanı Orgeneral Kenan Evren, hükümete yaptığı bazı uyarılarla darbenin olabileceği

42 Age, sf. 120–121.

işaretini zaman zaman vermekteydi. TSK komuta kademesi, dönemin Cumhurbaşkanı Fahri Korutürk'e gönderdiği "muhtıra" niteliğindeki mektupta, terörün bitirilmesi uyarısında bulunarak darbe yapabileceklerine ilişkin örtülü imada bulunmuştu. Harekât gününü ilk önce 11 Temmuz olarak belirlenmesine rağmen. 3 Temmuz'da CHP hükümetinin düşürülmesi için verilen gensoruya karşın Demirel hükümetinin güvenoyu alması üzerine darbe erteleniyordu. 6 Eylül Pazar günü Konya'da düzenlenen MSP mitinginde İstiklal Marşı okunurken bazı kimselerin ayağa kalkmaması da sağ ve soldan sonra darbenin irtica ayağını da tamamlıyordu(!).

11 Eylül'de Bakanlar Kurulu öğle saatlerinde toplandı. Askerler, akşam saatlerinde TRT Genel Müdürü emekli General Doğan Kasaroğlu ve yardımcılarını Genelkurmay'a çağırarak radyo ve televizyonların saat 04.00'te hazır hale getirilmesini istediler. Darbe Türkiye'ye duyurulduktan sonra ilk bildiri yayımlandı. Bildiride, siyasilerin uzlaşmaktan kaçınan tutumu ve terör, darbenin gerekçesi olarak gösterildi. Milli Güvenlik Konseyi bildirisinin altında, Konsey Başkanı ve Genelkurmay Başkanı Kenan Evren, üyeler; Deniz Kuvvetleri Komutanı Oramiral Nejat Tümer, Kara Kuvvetleri Komutanı Orgeneral Nurettin Ersin, Hava Kuvvetleri Komutanı Tahsin Şahinkaya, Jandarma Genel Komutanı Sedat Celasun'un imzası yer alıyordu.

Kenan Evren'in deyimi ile iş *kıvama* getirilince de 12 Eylül'de emir komuta zinciri içinde yönetime bir kere daha el koymuştur. Kenan Evren Paşa'nın Milliyet gazetesinde yayınlanan hatıralarında 12 Eylül öncesini kendi anlatımıyla, *"Yıl 1980; kan oluk gibi akıyordu. 'Biz darbe ortamının olgunlaşmasını bekledik' buyurdu."*

Darbenin ardından dönemin AP lideri Süleyman Demirel[43],

43Süleyman Demirel, 12 Eylül 1980 müdahalesi üzerine başbakanlık görevi bırakmak zorunda kaldı ve 7 sene yasaklı olarak siyaset dışı kaldı. 6 Eylül 1987'de yapılan halk oylaması ile ya-

MSP lideri Necmettin Erbakan[44] ve CHP lideri Bülent Ecevit'in de aralarında bulunduğu 2'si BTP'li, 7'si CHP'li, 7'si AP'li olmak üzere toplam 16 siyasetçi Zincirbozan'a gönderilerek tecrit edildi. Bir süre sonra MHP lideri Alparslan Türkeş de teslim oldu. 12 Eylül darbesinin ardından oluşturulan Danışma Meclisi'nin hazırladığı Anayasa, 1982 yılında referanduma sunuldu. Anayasayı eleştirmek yasaktı; tartışmalı bir referandum sonucu, anayasa yüzde 92'ye yakın bir oy oranıyla kabul edildi. Anayasanın kabulü Kenan Evren'in de devlet başkanı olması demekti.

Ayrıca 12 Eylül darbesinin dış etkeni olarak 1974 Kıbrıs savaşı sırasında yapılan Albaylar cuntasının darbe yapması sebebiyle NATO'dan atılan Yunanistan 1979'da geri dönmek için yaptığı başvuruyu ABD'nin taleplerine rağmen Türk siyasi iktidarları veto etmişti. Siyasetçilere istediğini yaptıramayan ABD, 12 Eylül darbesi sonrasında ise "Bizim çocuklar" dediği iddia edilen darbeyi yapan Türk askerine yaptığı tavsiyeleri doğrultusunda Yunanistan çok kolayca NATO'ya geri dönme şansını elde etti. Bugün ise hâlâ Türkiye'nin AB girmesi yolunda en büyük engeli Kıbrıs Rum kesimi ve Yunanistan çıkarmaktadır.

Darbe sonrası neredeyse Türkiye'nin adeta yarısı cezaevine girdi, işkence, gözaltındaki kadınlara bile kötü muamele iddiaları ayyuka çıktı. Milli Güvenlik Konseyi yönetime el koyup memleketi "*paşa paşa*" yönetirken Türkiye yolsuzluk iddialarıyla da çalkalanıyordu. Özellikle Hava kuvvetleri Komutanı

---

saklar kaldırıldı ve 24 Eylül 1987 tarihinde, Doğru Yol Partisi Genel Başkanlığı'na seçildi. 29 Kasım 1987'de yapılan genel seçimlerde Isparta Milletvekili olarak tekrar TBMM'ye girdi. 20 Ekim 1991 tarihinde yapılan genel seçimler sonrasında, DYP ile Sosyal Demokrat Halkçı Parti'nin biraraya gelerek kurduğu 49. T.C. Hükûmeti'nde başbakan olarak görev aldı.

44 Necmettin Erbakan,12 Eylül'de bir süre İzmir Uzunada'da gözaltında tutuldu. 15 Ekim 1980'de 21 MSP yöneticisiyle birlikte "MSP'yi illegal bir cemiyete dönüştürmek ve laikliğe aykırı davranmak" suçlamasıyla tutuklandı. 24 Temmuz 1981'de serbest bırakıldı ve beraat etti. 1982 Anayasası gereğince 10 yıl siyaset yapma yasağı aldı. 1987'de halk oylamasıyla tekrar siyasete döndü. 19 Temmuz 1983'te kurulan Refah Partisi'ne daha sonra genel başkan seçildi. 1991 seçimlerinde Konya'dan milletvekili oldu.

Tahsin Şahinkaya'nın yolsuzluk iddiaları kamuoyunda çok tartışıldı. Kenan Evren, konsey arkadaşlarını 12 Eylül Anayasası'na konan madde ile kanatları altına almıştı bile. Fakat harekâtın ardından Demirel ve kamuoyu tarafından en çok sorulan, "11 Eylül günü akan kan 12 Eylül günü kesilebildiyse neden daha önce kesmediniz?" sorusuna hiç bir zaman cevap veremedi. Nitekim o günler çok acayip garip günlerdi.

12 Eylül darbesinin 20. yılında darbenin bilânçosu Cumhuriyet Gazetesi'nin 12 Eylül 2002 tarihli nüshasında ayrıntılı olarak veriliyordu:

- *TBMM kapatıldı. Anayasa ortadan kaldırıldı. Siyasi partilerin kapısına kilit vuruldu ve mallarına el konuldu.*
- *650 bin kişi gözaltına alındı.*
- *1 milyon 683 bin kişi fişlendi.*
- *Açılan 210 bin davada 230 bin kişi yargılandı.*
- *7 bin kişi için idam cezası istendi.*
- *517 kişiye idam cezası verildi.*
- *Haklarında idam cezası verilenlerden 50'si asıldı (18 sol görüşlü, 8 sağ görüşlü, 23 adli suçlu, 1'i Asala militanı).*
- *İdamları istenen 259 kişinin dosyası Meclis'e gönderildi.*
- *71 bin kişi TCK'nin 141, 142 ve 163. maddelerinden yargılandı.*
- *8 bin 404 kişi "örgüt üyesi olmak" suçundan yargılandı.*
- *388 bin kişiye pasaport verilmedi.*
- *30 bin kişi "sakıncalı" olduğu için işten atıldı.*
- *14 bin kişi yurttaşlıktan çıkarıldı.*
- *30 bin kişi "siyasi mülteci" olarak yurtdışına gitti.*
- *300 kişi kuşkulu bir şekilde öldü.*
- *171 kişinin "işkenceden öldüğü" belgelendi.*

- *937 film "sakıncalı" bulunduğu için yasaklandı.*
- *23 bin 677 derneğin faaliyeti durduruldu.*
- *3 bin 854 öğretmen, üniversitede görevli 120 öğretim üyesi ve 47 hâkimin işine son verildi.*
- *400 gazeteci için toplam 4 bin yıl hapis cezası istendi.*
- *Gazetecilere 3 bin 315 yıl 6 ay hapis cezası verildi.*
- *31 gazeteci cezaevine girdi.*
- *300 gazeteci saldırıya uğradı.*
- *3 gazeteci silahla öldürüldü.*
- *Gazeteler 300 gün yayın yapamadı.*
- *13 büyük gazete için 303 dava açıldı.*
- *39 ton gazete ve dergi imha edildi.*
- *Cezaevlerinde toplam 299 kişi yaşamını yitirdi.*
- *144 kişi kuşkulu bir şekilde öldü.*
- *14 kişi açlık grevinde öldü.*
- *16 kişi "kaçarken" vuruldu.*
- *95 kişi "çatışmada" öldü.*
- *73 kişiye "doğal ölüm raporu" verildi.*
- *43 kişinin "intihar ettiği" bildirildi.*

Yazar Ertuğrul Mavioğlu ile Cumhuriyet gazetesinde 12 Eylül 2005 tarihinde yapılan röportajdan özetle şöyle demektedir: *"Ordunun bağlı olduğu salt NATO vb. değil sermaye sınıfıydı da. DİSK kapatılırken, Kızılay ve OYAK'la birlikte TÜSİAD da sapasağlam ayakta kaldı darbeden sonra. Aslında darbenin sınıfsal karakterdeki en iyi ve ilk tahlilini sermaye sınıfının bir sözcüsü, hiçbir solcunun yapamadığı denli açık ve net yaptı. O zamanlar Türkiye İşveren Sendikaları Konfederasyonu'nun başkanı olan Halit Narin "Gülme sırası bizde." diyordu darbeyi izleyen günlerde. En belirgin sınıfsal tahlildir. İkinci en çarpıcı tahlil de yine sermaye sınıfının bir başka duayeninden Vehbi Koç'tan gelmiştir. Koç'un Kenan Evren'e gönderdiği akıl veren o ünlü mektup ibretliktir...*

"Bir anlamda evet. Basın olayı "Öyle kötü günler yaşandı, bitti..." veya "Ordu buna mecburdu..." söylemiyle veriyor, daha çok bana sorarsanız. Diğer yandan "öyle kötü günler" bugün de sürmekte, 12 Eylül günümüze önemli oranda taşınmıştır. Örneğin Asılmayıp Beslenenler adlı kitabımda da ele alınan F-tipi cezaevi zorbalığı gökten zembille inmedi, 12 Eylül'den bu yana gerek ceza yasası gerek cezaevlerindeki uygulama süreci ilmek ilmek dokunarak F-tipi cezaevlerini getirdi önümüze. Ya da örneğin Ermeni Konferansı'nın idarî mahkeme tarafından inanılmaz bir biçimde iptal edilmesi girişimi: Bunu "emir-komuta adaleti" olgusunu göz ardı ederek nasıl izah edebiliriz ki? Bunlar adalete olan inancı kökten sarsacak gelişmelerdir... Apoletli Adalet'in giriş yazısında da belirttiğim gibi, iktidarın olduğu yerde zorbalık da var ve adalet dediğiniz egemen olanın adaletinden başka bir şey değil. Hemen her şey güçlerin karşılıklı savaşımı üzerinden yürüyor Türkiye'de de, dünyada da..."

Yazar Ertuğrul Mavioğlu ile Cumhuriyet gazetesinde yapılan aynı röportajda Yüksek Öğretim'in 12 Eylül dönemindeki hali pür melalini anlatırken, "*Üniversite harçları, eğitime katkı payları 1983 yılında yürürlüğe girdi. YÖK kurularak üniversitelerin özerkliği ve bilimsel gelişmesi, vakıf üniversiteleri de kurularak devlet üniversitelerinin gelişmesi engellendi. Birçok yurtsever öğretim üyesi üniversiteden uzaklaştırıldı. 12 Eylül döneminde eğitime ayrılan pay azaldı. Eğitim yatırımları düştü*" demektedir.

12 Eylül'den Sonra Anap İktidarı ve Özal Dönemi

Milli Güvenlik Konseyi'nin demokratik seçimlere dönme kararıyla birlikte arzuladığı siyasal görüntü Org. Turgut Sunalp'ın Milliyetçi Demokrasi Partisi'nin iktidar, Halkçı Parti'nin de ana muhalefet partisi olmasıydı. Ne var ki, Türk milleti bir kez daha 27 Mayıs ve 12 Mart sonrasında olduğu gibi iradesine el koymak isteyen darbecilere[45] demokrasi dersi veriyor, 14 Temmuz 1982'de Ekonomiden Sorumlu Başbakan Yardımcılığı görevinden istifa etmesinin akabinde 20 Mayıs 1983'te ANAP'ı kuran Turgut Özal'ı iktidara getiriyordu. 12 Eylül sonrasının bu ilk serbest genel seçimlerinde, 6 Kasım 1983'te, ANAP 211 milletvekili ile 400 kişiden oluşan parlamentoda çoğunluğu sağlıyordu.

Kenan Evren hükümeti kurma vazifesini Özal'a vermekte biraz tereddüt gösterdi. Seçim sonuçları açıklanmasından yaklaşık 20 gün gibi bir süre iktidarı devretmemelerinin temelinde ise gizliliği nedeniyle Resmi Gazete'de yayınlanmayan MİT kanunu ve MGK Genel Sekreterliği kanunlarında bazı antidemokratik değişiklikleri Konsey kararı ile yapma girişimiydi. Evren, Özal hükümetini ancak 13 Aralık 1983'te onayladı. 24 Aralık'ta da hükümet meclisten güvenoyu alacaktı.

Özal, iktidara gelme ihtimalinin dahi önünü tıkamak isteyen oligarşinin bu direnişi karşısında Başbakan olduğu Aralık 1983'ten itibaren Türkiye'nin sınırlarını dünyaya açarak bir yanda ekonomide liberal yapıyı oluşturmak için teşebbüs hürriyeti yandan da din ve vicdan hürriyeti, kişi hak ve özgürlüklerini geliştirerek daha demokratik yapıya gelme gayretindeydi. Başbakan olur olmaz idari ve mali alanda devrim sayılacak kararlara imzasını attı. Mart 1984'te yapılan yerel seçimlerde de ezici bir üstünlük sağladı. Özelleştirme yapabilmek için çok

---

45 Kenan Evren, seçimlerden birkaç gün önce Sunalp lehinde, Özal aleyhinde radyodan imalı bir konuşma yapmıştır.

gayret gösterdi, fakat ciddi engellemelerle karşılaştı. Boğaz köprüsünün gelirlerini satma konusunda bile ciddi muhalefetle karşılaştı. "Satarım, sattırmam" kavgalarıyla siyaset dünyası birbirine girdi.

Bu atılımların endişeye düşürdüğü statüko yanlıları 12 Eylül darbesiyle ortadan kalkan terör ve kaos ortamı bu kez yeni bir kartla, PKK terörü ile, içte ve dışta Türkiye'nin önünü kesmeye çalışacaklardı.

Haziran 1987'de Türkiye askeriye içerisindeki atama krizi sırasında ilk kez sivillerin otoritesinin baskın çıktığına şahit olacaktı. 12 Eylül sonrasında 1983'te Genelkurmay Başkanı olan Org. Necdet Üruğ ve 1985'te Kara Kuvvetleri Komutanı olan Org. Necdet Öztorun'un görev süreleri 1987 Haziran'ında dolmaktaydı. Org. Üruğ, Özal'a rağmen kendi yerine Necdet Öztorun'u Genelkurmay Başkanı yapabilmek için Ağustos şurasını beklemeden erken emekli olmak için Haziran ayının başında 2 Temmuz'dan geçerli olmak üzere istifasını verdi. Özal bunu onaylamadı. Hatta Necdet Üruğ'un süresini bir yıl daha uzatmayı teklif etti. Buna karşın 2 Temmuz'da devir teslim töreni için Üruğ'un davetiye bastırması üzerine Turgut Özal halen cumhurbaşkanı olan ve Üruğ'un erken emeklilik istemesinden de rahatsız olan Kenan Evren'in desteğini alarak İstanbul Sarıyer Tarabya Oteli'nde 28 Haziran 1987'de basına açıklama yaparak Genelkurmay Başkanı makamı için Necip Torumtay'ı aday gösterdiğini açıklaması ile Necdet Üruğ ve Necdet Öztorun'a emeklilik yolunu açıyordu. Üruğ'un normal emeklilik süresi olan Ağustos'u beklemesi halinde Öztorun zaten emekli olacaktı. Bu olay medyada *sivil darbe* olarak nitelendi.[46]

46 Bu konu Faruk Mercan'ın yazdığı Apolet, Kılıç ve İktidar kitabında (Doğan Yayınları, 2004), Eski Başbakanlık Müsteşarı Hasan Celal Güzel'in anlatımıyla çok geniş olarak ele alınmaktadır. sf. 50-55.

12 Eylül müdahalesinin ardından konulan siyasi yasaklar, Özal ile Demirel arasında sert polemiklere yol açan referandumla 6 Eylül 1987'de kaldırıldı. Eski siyasilerin yeniden görücüye çıktığı ilk seçimlerde ANAP, 292 milletvekili çıkararak TBMM'de yeniden çoğunluğu sağlıyordu. Haberleşmeden elektronik alanlara, sanayi yatırımlarından demokratikleşmeye yaptığı reformlarla ülkenin çehresini değiştiren, serbest piyasa ekonomisiyle geride kalan kıtlık yıllarından sonra her şeyin rahatlıkla bulunabildiği bir ülke meydana getiren ANAP için alınan sonuç pek de sürpriz sayılmazdı. Aynı seçimlerde siyasi af sonrası 24 Eylül'de Doğru Yol Partisi Genel Başkanlığı'na seçilen Demirel Isparta Milletvekili olarak meclise girerken, Ecevit'in eşi Rahşan Ecevit'ten devraldığı DSP'nin başarısız olması Ecevit'i bu dönemde de Meclis dışında bırakacaktı. İkinci Özal hükümeti, Türkiye Cumhuriyeti'nin 47. hükümeti olarak 21 Aralık 1987'de açıklandı.

Halkın teveccühüne karşı Özal oligarşik güçler tarafında olanca güçleriyle yıpratılmaya çalışılıyordu. 141, 142 ve 163. maddelerin kaldırılması öncesinde medya vasıtasıyla ülkeyi ayağa kaldırdılar ama korktukları -ve korkuttukları gibi- ne irtica ne de komünizm ortaya çıkmadı. Buna karşın, yeni bir hamle olarak terörle mücadele adı altında meşhur TMK kanunun 8. maddesi ile özgürlükleri sınırlandırmaya muvaffak oldular. Artık PKK terörü ve bölücülük iddialarının yanına irtica paranoyasıyla iktidara saldırılıyordu.

18 Haziran 1988'de yapılan, oy birliğiyle Özal'ın yeniden Genel Başkanlığa seçileceği, Anavatan Partisi 2. Olağan Kongresi sırasında kendisine Kartal Demirağ tarafından suikast girişiminde bulunuldu. Özal elinden yaralanmıştı. 11 Mayıs 2001 tarihinde Zaman Gazetesi'nde Faruk Mercan'ın yayınladığı yazı dizisinde tanıklığına yer verilen dönemin Mamak Ortaköy muhtarı Ali Ünal o gün salonda ikinci bir suikastçının daha olduğunu ifade

edecektir. Nitekim aynı ifade eski Milli Eğitim Bakanı Vehbi Dinçerler tarafından da dile getirilmiştir.[47] Suikastla ilgili olarak Vehbi Dinçerler'le birlikte Özal'ın hukuk danışmanı Bilgin Yazıcıoğlu şunları ifade etmektedir: "*İşin perde arkasında başka güçler vardı. Susurluk olaylarının başlangıcı, derin devletin bir faaliyeti denilebilir bu suikast öyküsüne. Kendisi Susurluk'u görmeden evvel bu kanıya varmıştı... Şu kadarını söyleyeyim. Susurluk neyse Özal'a yapılan suikast da ona ait tesbihin bir parçasıdır.*"

Faruk Mercan'ın Zaman gazetesinde yayınlanan yazı dizisinde[48] Kartal Demirağ'ın nasıl ve ne şekilde Kemal Horzum'un adamı Osman Atay tarafından Özal suikastına yönlendirildiği iddiaları ayrıntıları ile anlatılmaktadır. Kartal Demirağ gibi Afyonlu olan Kemal Horzum, Emlak Bankası'ndan aldığı 80 milyon dolar krediyi geri ödemeyip 1985'te yurtdışına kaçmıştı. Horzum, İsviçre'de yakalanıp Türkiye'ye getirildiğinde Nusret Demiral tarafından ifadesi alındı; ancak olayla bağlantısı ortaya çıkarılamadı. Horzum'un adamı Osman Atay için de takipsizlik kararı çıktı.

Daha sonra Ankara DGM Başsavcısı Cevdet Volkan, suikastla ilgili olarak şimdi yurtdışında yaşayan eski bir medya patronunun (Sedat Simavi`nin) ismini veren Korkut Özal'ın ifadesini aldı. Bunun dışında önemli bir gelişme de yaşanmadı. Kartal Demirağ, Ankara 1 No'lu DGM'de yargılandı. Mahkeme 23 Kasım 1988 günü Demirağ'ı 20 yıl ağır hapis ve ömür boyu kamu hizmetlerinden mahrumiyet cezasına çarptırdı. Demirağ dört yıl cezaevinde yattıktan sonra 15 Nisan 1992 tarihinde meşruten

---

47 Dinçerler, olaydan sonra elinde silah olan iki kişiyi gördüğünü hemen Müsteşar Ahmet Selçuk Bey'e ilettiğini ve zabıt tutulmasını istediğini, fakat daha sonra bu gördüklerinin tutanaklara geçmediğini gördüğünü söylemiştir.

48 Faruk Mercan, Özal Suikastının Tutanakları, Zaman Gazetesi, 11.05.2001.

tahliye edildi. Kartal Demirağ ise cezaevinden çıktığı gün, "*Allah Özal'ı öldürmemi istemedi. Onu öldürdüğümde kendimin de öleceğini biliyordum*" demiştir.

12 Mart'tan sonra Ziverbey'de yapılan sorgulamalarda bulunan, MİT teşkilatında Hiram Abas'ın ekibi içinde yer alan Mehmet Eymür, 5 Haziran 1988'de kendi isteği ile emekli olmak için dilekçe veren Genelkurmay başkanı Org. Necdet Üruğ'unda isminin geçtiği ünlü 1. MİT raporunu 1987'de nasıl hazırladığını Analiz isimli eserinde anlatırken şöyle demektedir: "*Kamuoyunda "MİT raporu" olarak bilinen etüdü ben kaleme aldım... Günlerce oturup çalıştım. MİT'in çeşitli birimlerine, çeşitli kaynaklardan intikal etmiş bilgileri topladım, bir araya getirdim... Sadece bu raporun ne ilk ne de son olduğunu, bunun MİT'in rutin işleri arasında bulunduğunu, bu raporun şansızlığının ise açığa çıkmış olması ve benim kabahatimin de MİT müsteşarı Hayri Ündül'ün benden bilgi isteği üzerine işgüzarlık edip çok kapsamlı bir çalışma yapmam olduğunu ifade edebilirim...*"[49]

---

49 Mehmet Eymür kimdir?
Mehmet Eymür'ün babası da MİT'çiydi. Ankara Koleji'nden mezun olduktan sonra MİT'e girdi. 12 Mart 1972 sonrasında kurulan Kontrgerilla merkezi olarak kamuoyuna yansıyan MİT'e ait Ziverbey sorgulamalarında bulundu. 1983 yılında kurulan MİT Kaçakçılık Şubesi'nin başına müdür olarak atandı. Bu görevdeyken Emniyet Kaçakçılık ve Harekât Dairesi Başkanı Atilla Aytek'le birlikte meşhur 'Babalar Operasyonu'nu gerçekleştirdi. O dönemde aralarında Dündar Kılıç ve Behçet Cantürk'ün de bulunduğu yeraltı dünyasının ünlü isimlerini sorguladı. Daha sonra 1987 Kasım ayında hazırladığı ve başta emekli Genelkurmay başkanı Org. Necdet Üruğ, Emniyet Genel Müdürü Ünal Erkan ve İstanbul Emniyet Müdürü Mehmet Ağar'ı ve birçok kişiyi hedef alan ünlü MİT Raporu basına sızınca, Türkiye'de büyük gürültü koptu. Gelen tepkiler üzerine, 10 Haziran 1988'de emekli olmak zorunda kaldı. Emekli olmadan önce, MİT'te birlikte çalıştığı emekli Yarbay Korkut Eken'le birlikte Antalya'da buz fabrikası kurdu. Daha sonra ortaklık bitti ve iki dostun yolları ayrıldı. DYP lideri Tansu Çiller'in Başbakan olmasından sonra 31 Ocak 1995'de MİT'e tekrar geri döndü ve oluşturulan Kontr-Terör merkezinin yöneticiliğine getirildi. Susurluk olayı üzerine MİT müsteşarı tarafından hazırlanan 2. MİT raporunda Mehmet Eymür de suçlandı. Eymür ise, 3 Kasım 1996 tarihinde Susurluk olayının patlak vermesinden sonra Tarık Ümit cinayetinden özel timci polisler ve Emniyet Özel Harekât Başkanı İbrahim Şahin'i sorumlu tuttu. Bunun üzerine Mehmet Eymür, Susurluk olayı soruşturmasında Emniyet İstihbarat Dairesi eski Başkan Vekili Hanefi Avcı tarafından Ye-

Suikasttan kurtulan Özal, Mehmet Eymür'ün Kasım 1987'de hazırladığı ve kamuoyuna 1988'de yansıyan, ayrıntılarını Analiz[50] isimli eserinde anlattığı ünlü MİT raporu ile cumhurbaşkanı olmayı bekleyen Emekli Genelkurmay Başkanı Org. Necdet Üruğ'un ciddi bir imaj kaybına uğramasıyla bu faktörü de kolayca aştı. Ne var ki, parti içindeki eski Meclis Başkanı ve Başbakan yardımcısı Kaya Erdem liderliğindeki Aksaçlılar'ın muhalefetini aşamadı. Bir senaryoya göre eğer Özal kendisine karşı düzenlenen suikastta hayatını kaybetmiş olsaydı, kongrede 2. gün Kaya Erdem Genel Başkanlık koltuğuna oturacaktı. Suikast olayından sonra aday gösterilmeyen Kaya Erdem meclis başkanlığını Yıldırım Akbulut'a devretmek durumunda kaldı. Özal, 1989 yılında yapılacak olan cumhurbaşkanlığı seçimini de Aksaçlılar'ın oy vermemesine rağmen 4. turda kazanarak Türkiye Cumhuriyeti'nin ilk sivil cumhurbaşkanı olacaktı.

Özal Nasıl Sivil Cumhurbaşkanı Oldu ve Özal'ın Şüpheli Ölümünden Sonra Demirel Döneminde Neler Değişti?

9 Kasım 1989'da Özal'ın göreve başladığı ilk günler bile, gelecek yılların halkın demokratik iktidarı ile oligarşik özlemler arasındaki mücadeleye sahne olacağının ipuçlarını verecekti. Laik bir ülkenin cumhurbaşkanı olarak cuma namazına gitmemesi gerektiğine dair medyada ahkâm kesilmesine karşın Özal'ın her zamanki gibi rahat ve tabulara meydan okuyan tavrıyla Ankara

---

şil kod adlı Mahmut Yıldırım'ı koruyup, kollamakla suçlandı. Bu iddianın ardından daha sonra Yeşil'i operasyonel amaçlar için istihdam eden kişinin o olduğu ortaya çıktı. 1990'da bir suikasta kurban giden Hiram Abas ile çok yakın bir beraberliği olmuştu. Yılmaz, 1997 yılında Başbakan olduktan hemen sonra onu Washington'a gönderdi. Kısa bir süre önce de merkeze alındı. Halen ABD'de yaşamaktadır. www.atin.org sitesi ile yayın yapmaktadır. Ciddi problemler yaşadığı MİT müsteşarı Şenkal Atasagun'un yaş haddinden dolayı emekli olması üzerine ani bir kararla 2005 Aralık ayı başında Türkiye'ye geri dönmüştür.

50 ANALİZ, Bir MİT Mensubunun Anıları, Mehmet Eymür, Milenyum Yayınları, sf. 173–180.

Kocatepe Camii'ne gidip Cuma namazını kılması halkı sevindirirken laikçi oligarşinin de kinini arttıracaktı. Bu çevreler, laikçi oligarşinin kalesi sayılan Çankaya'da özerk ve yarı özerk kuruluşlar ve yargıya yapılacak atamaların demokrasi yanlısı Özal tarafından yapılmasına bile tahammül edemeyeceklerdi. Her türlü yıpratma taktiklerine karşın Özal doğru bildiklerini uygulamakta ısrarcı oldu ve ülkede birçok tabu kabul edilen antidemokratik düşünce ve uygulamaları icraatları ile değiştirmeye devam etti.

Özal iktidarda kaldığı süre içersinde, PKK terör kartı ortaya konularak 1993'te cumhurbaşkanı iken şüpheli ölümüne kadar devam eden 10 yıl boyunca sıkıyönetim ve olağanüstü hal yönetimleri ile DGM aldığı olağanüstü dönem kararları ile ülkenin büyük bir bölümü demokrasi ve nimetlerinden faydalanamadı.

Çevre ülkeler ve Avrupa ülkelerinin birçoğu bu dönemde PKK terörüne direkt veya endirekt destek oldular. Avrupa ülkeleri PKK'nın terör ve silahlı mücadelesine sanki Kürt halkının özgürlük ve demokrasi talepleri açısından yaklaşarak PKK terör elemanlarına ve Avrupa'ya iltica eden sempatizanlarına her türlü desteği direkt veya endirekt (doğrudan ve dolaylı) verdiler. Ayrıca ABD ve İsrail, PKK kartını her zaman kullanmaya devam etti. İçerde terör ortamından beslenen oligarşik derin devlet hevesli bazı asker ve bürokrat, istihbaratçı, siyasetçi, aydın ve siviller Özal iktidarının yaptığı demokratik değişimleri engellemek için terör olayını hem iktidarı yıpratmak için kullanmaya devam ederek Demokratik hak ve özgürlüklerin verilmesini terör bahanesiyle "*önce güvenlik, sonra demokratik haklar*" sözü arkasına saklanarak engellediler.

2. Özal hükümeti Kasım 1989'da Özal Cumhurbaşkanı oluncaya kadar devam etti. Özal Cumhurbaşkanı olunca ANAP Genel Başkanı olan eski Meclis Başkanı Yıldırım Akbulut Kasım

1989'da hükümeti kurdu. Yaklaşık 2 yıl süren Akbulut döneminde Cumhurbaşkanı Özal ile uyumlu bir yönetim sergiledi. Sadece ABD'nin 91 Ocak'ta yaptığı 1. Körfez Savaşı sırasında Özal'ın "K.Irak'a girerek Kerkük ve Musul'u kontrol edelim" fikrine karşı gelen Genelkurmay Başkanı Necip Torumtay ve Dışişleri Bakanı Ali Bozer istifa etti. Türkiye Cumhurbaşkanı Özal'ın istemesine rağmen K. Irak'a girilemedi. Orgeneral Doğan Güreş Ocak 1991'de Genelkurmay Başkanı oldu.

Bu sayede Doğan Güreş yaş haddi dolmasına rağmen, 27 Temmuz 1994 MGK toplantısı sonrasında Başbakan Çiller Hükümetinin çıkardığı kararname ile 1 yıl daha Genelkurmay başkanlığı yapma şansını elde etmiş oldu. Genelkurmay Başkanı olmayı bekleyen Kara Kuvvetleri Komutanı İ. Hakkı Karadayı Genelkurmay Başkanı olamadan, Ağustos şurasını beklenmeden, aynı tarihli kararname ile emekli olmak zorunda kalmıştı.

Körfez Savaşı krizi sırasında Genelkurmay Başkanı Org. Necip Torumtay'ın istifası yüzünden Başbakan Yıldırım Akbulut ile aralarının açılması sonrasında partinin ileri gelenleri ve kamuoyunun baskılarına rağmen Özal ve o dönemde İstanbul İl Başkanı yapılan Semra Hanım'ın yaptığı yanlış tercih sonucu ANAP Genel Başkanlığı'nı Mesut Yılmaz kazandı. Mesut Yılmaz'ın partiye hâkim olmak için yaptığı erken genel seçimlerle de ANAP iktidarı kaybetti. İlerleyen günlerde Çankaya'da yalnızlığa itilen Özal, Mesut Yılmaz'ın ellerinde ANAP'ın günden güne küçülüşüne şahit olacaktı.

RP, BBP, MP ve MÇP bu seçimlerde ittifak yaparak Erbakan, Türkeş ve Aykut Edibali meclise girmişlerdir. 20 Ekim 1991 Milletvekili Genel Seçimlerinde, Refah Partisi (RP), Milliyetçi Çalışma Partisi (MÇP) ve Islahatçı Demokrasi Partisi'nin (IDP) oluşturduğu ittifak bünyesinde milletvekili adayı olan Muhsin Yazıcıoğlu, Sivas'tan milletvekili seçildi.

1991 seçimlerinden sonra Demirel liderliğindeki DYP ile Erdal İnönü liderliğindeki SHP koalisyon hükümeti kurdu. DYP ile Sosyal Demokrat Halkçı Parti'nin bir araya gelerek Kasım 1991'de kurduğu 49. TC. Hükümeti'nde Demirel tekrar Başbakan olarak görev aldı. Demirel ve İnönü önemli bir projeye el atarak CHP ve Adalet Partisi'ni yeniden açıp, Hazine'ye devredilen mal varlıklarını yeniden elde etmek için adım attılar. Aydın Menderes'in, Demokrat Parti ve DYP'yi Adalet Parti'sinin çatısı altında bir araya getirme girişimi başarısız oldu, Demirel'in ağırlığını koymasıyla AP kendisini feshetti. Ancak özellikle Deniz Baykal ve arkadaşlarının girişimleriyle CHP kendisini feshetmedi ve yeniden siyaset kulvarına katıldı. Bu hareket solda parçalanmaya neden oldu. Çünkü Aktif Siyaseti 1987'de bırakan Ecevit, 2 yıl sonra 1989'da yapılan DSP kongresinde yeniden partinin başına geçti. 1991 seçimlerinde Demokratik Sol Parti hem barajı aştı hem de Ecevit ve 6 arkadaşı Meclis'e girdi.

ANAP'ı iktidardan düşüren Mesut Yılmaz'dan sonra başbakanlık görevini üstlenen Demirel döneminde oligarşik asker ve sivil bürokratik yapılanmalar yeniden güçlenecekti. Halk nezdinde Özal yıpratılmaya çalışılıyor, Başbakan Demirel'in derin(!) çevrelerin tavsiye ettiği isimlerin tayinleri için Cumhurbaşkanı Özal'ın önüne gelen kararnamelerle laikçi oligarşi Demirel desteğinde yeniden iktidarı kuşatmaya başlıyordu. Nitekim Özal'ın 1993 Nisan'ında şüpheli ölümü ile Çankaya tekrar laikçi oligarşinin isteklerine uyumlu davranan sivil görünümlü Demirel'e teslim edilerek kurtarılmış olacaktı(!).

Türkiye'nin bölgesinde etkin rol oynamasını isteyen Özal, Balkanlar'a ve hemen peşinden Orta Asya'ya yaptığı o uzun ve yorucu seyahatlerden sonra döndüğü o çok sevdiği vatanında, aniden geçirdiği kalp krizi ile 17 Nisan 1993'te vefat etti. Cumhurbaşkanı seçildiğinin ertesi günü sevinç gözyaşlarıyla kendisini Kocatepe Camii'nde karşılayan on binlerce halk, bu kez onu "*sivil, dindar, demokrat cumhurbaşkanı*" yazılı pankartlarla "*Öldükten sonra beni İstanbul'a defnedin, kıyamete kadar Fatih Sultan Mehmet'in manevi ruhaniyeti altında bulunmak istiyorum*" şeklindeki vasiyetine uyularak Menderes ve arkadaşlarının bulunduğu Topkapı'daki Anıt Mezar'ın yanındaki ebedi istirahatgâhına uğurluyordu.

8. Cumhurbaşkanı Turgut Özal'ın kardeşi Korkut Özal, hükümetten kardeşinin ölümü konusunda gerekli araştırmayı yaparak, suikast iddialarına açıklık getirmesi gerektiğini ifade ederken şunları söyleyecekti: "*Turgut Bey, kalp, göz ve prostattan toplam 3 kez ameliyat oldu. Her seyahate çıktığında yanında bir doktor heyeti götürürdü. Ölümünden önceki son muayenesinde sağlıklı çıktı. Ancak Çankaya Köşkü'nde ölümü sırasında müdahale edecek kimse yoktu. Bu kolayca kabullenilecek bir şey değil. Eşi Semra Özal ve oğlu Ahmet Özal katıldıkları bir televizyon programında Turgut Özal'ın zehirlendiğini söylediler. Turgut Bey'in ölmesinin birine bir faydası olur mu? Birinin onu öldürmesi için bir sebep var mı? Buna bakmak lazım. Turgut Özal'ın ölümünün ardından Türkiye değişti. Onun koruduğu yerlerde bataklar başladı. İç ve dış borç stoku 1992–2002 yılları arasında 10 kat artarak 240 milyar dolara ulaştı. Turgut Bey'in atadığı tüm rektörleri değiştirdiler. ...Burada benim kanaatim -ki halkın kanaati de o- Turgut Özal'ın öldürüldüğü yolunda. O vefatın öyle normal bir vefat olmadığı kanaati çok geniş bir kitlede yaygın. Turgut Bey'in vefatı Türkiye'nin gitmekte olduğu istikameti büyük ölçüde değiştirmeye yönelikti...*"

Vefat ettiği günden beri bir açıklık getirilemeyen 8. Cumhurbaşkanı Turgut Özal'ın ölümündeki şüpheler yıllar geçtikçe yeni iddialarla alevleniyordu. Eşinin siyasi bir cinayete kurban gittiğine dair şüphelerinin giderek arttığını belirten Semra Hanım, dönemin başbakanı Süleyman Demirel'in Özal'ın kısa bir süre sonra öleceğini bildiği iddiası olayı farklı bir boyuta taşıyacaktı. Semra Hanım, o dönemde bir gazeteye yaptığı açıklamada, "*Şu anda ispat edecek, ortaya koyacak delillerim tamam değil. Dışarıdan haberler geldi bana. Onların peşindeyim şimdi.*" diyordu. Semra Özal, kendisiyle röportaj yapan muhabire bulunduğu gazeteyi kastederek, "*Sizin gazetenin bir yazarı Hüsamettin Cindoruk'un, 'Özal üç ay sonra ölecek' dediğini yazmıştı. Sormuşlar, 'Nereden biliyorsun?' diye. 'Süleyman Bey söyledi' demiş*" diye konuşmuş ve şöyle devam etmişti: "*Bir kere Turgut Bey'e niye otopsi yapılmadı? Mezarından çıkarıldı söylentileri oldu. Hayır, mezarından hiç çıkarılmadı. Zehir daha önceden verilmiş olsa saçın uzaması lazımmış ki, ortaya çıksın. Fakat 24 saat evvel aldığında çıkmazmış. Yurtdışından biri geldi ve zehirlendiğini söyledi. Öldükten sonra kanını almışlar. Şüphelerim artınca Ahmet, Hacettepe'ye gidip bu kanları istedi. Laborantla konuşmuş; 'Kan bizde. Enteresan olduğu için sakladık.' demişler. Ertesi gün almaya gitti Ahmet; ama 'Kırıldı' dediler. Kaç sene duran kan 5 yıl sonra, niye o gün kırıldı?*"

Benzeri kuşkuları Zeynep Özal da "*Bir Kadın Birkaç Hayat*" isimli kitabında Müge Anlı'yla paylaşacaktır. İddialara göre, Özal, Kaya Toperi'nin ısrarları üzerine elçilikte bir Bulgar ressamın sergisine katılır ve kendisine ikram edilen açık limonatadan içer. Köşke döndüğünde keyifsizdir. Semra Hanım, "*Ben sana açıkta gelen bir şeyi içme, demiyor muyum?*" diyerek kızar. Limonata içtiğinin sabahı Özal kalp krizi geçirerek vefat eder. Semra Hanım eşinin eceliyle öldüğünden emin değildir. Özal'ın doktoru Cengiz Aslan, Amerika'daki kalp cerrahı Dr. De Bakey'i arayarak bilgi ister. Bakey, ağrısız sızısız, hiçbir belirti olmadan kalp krizinden ölümün milyonda bir ihtimal olduğunu söyler. Bakey, zehirlenme ihtimalini de değerlendirir.

Özal'ın vefatından iki yıl sonra esrarengiz bir Azeri, Özal'ın Ebulfeyz Elçibey'i desteklediği için zehirlendiği mesajı bırakır aileye. Aile, adamın peşine düşer, ancak o sır olup kaybolmuştur. Zeynep Özal, "*Annem bu işin üzerine çok düştü... Babam Türkî Cumhuriyetlerin Rusya'nın etkisinden koparak Türkiye'nin etkisine gireceğine inanıyor ve bu yönde inanılmaz çalışıyordu... Elçibey en büyük müttefikiydi... Özellikle Ruslar suikast konusunda saatli bomba gibi etki eden saatli zehirler geliştirmişler... İnsanı verildiği sırada değil, istenen saatte öldürebiliyormuş.. Teşhis de edilemiyormuş... Bu zehrin Bulgarlar tarafından kullanıldığı istihbaratını alınca annemin kuşkuları daha da arttı. Babamın ölmeden bir gece önce, Bulgar sefaretinde içtiği limonatayı bir türlü unutamadı... Ama otopsi yapılmamıştı.. Türkiye'nin Cumhurbaşkanı Özal, gerçekten limonatanın içine katılan zehirle mi öldürülmüştü? Bu sorunun cevabı hiçbir zaman öğrenilemedi*" diyerek anlatır ailenin kuşkusunu.

Aynı kuşkular defalarca gazete köşelerinde dile getirilmeye devam edilecektir. Reha Muhtar'ın Özal'ın Bulgar Büyükelçiliğinde zehirlendiği iddiasını yinelediği yazısında, Osman Sönmez 9 Ağustos 2004 tarihinde Yeni Şafak Gazetesi'nde yayınlanan yazısında Zaman Gazetesi temsilcisi olarak görev yaptığı sırada yaşadığı bir hatırasını naklederken bizzat Azerbaycan Cumhurbaşkanı Aliyev'in kendisine Özal'ın Türkmenistan'da zehirlendiğini söylediğini yazmaktadır. Sönmez'in, "*Nasıl?*" sorusuna Aliyev'in yanıtı şöyle olur: "*O özüne dikkat etmedi. Her verileni yedi içti. Neden katlettiler onu da söyleyeyim, birincisi Türk dünyasını toparlayıp büyük Türkiye projesini gerçekleştirmek istemesi... İkincisi ise dünyayı idare edenlerin kendileri için onu tehlike görmeleri...*" *Kim tarafından öldürüldüğü sorusunu ise Aliyev tek bir cümle ile cevapladı:*

"Hepsi tarafından." İşte işin içinden yalnızca birileri yok, birçokları var. Bunun için CIA ve MOSSAD gibi güçlüler susuyor. Ancak zaman bunu ortaya çıkaracak..."

Benzer bir iddiada Alparslan Türkeş hakkında MHP Eski Erzurum Milletvekili Rıza Müftüoğlu tarafından "Derin Sayfalarıyla Milliyetçi Hareket" adlı kitabında MHP lideri Alparslan Türkeş'in de öldürüldüğünü öne sürer. Müftüoğlu, *"Başbuğ'un öldürüldüğü kanaatindeyim. Mart 1997'de Almanya'da gittiği doktorun 'Kalbiniz saat gibi' dediğini bize anlatmıştı. Bu doktor da Başbuğ'un ölümünden 1 yıl sonra, kalp durmasından hayatını kaybetti. Bir gün bana CIA'da çalışan bir Türk'ten bir rapor ulaştı. Bir siyasi partinin liderine gönderilmişti. Raporda hem Başbuğ'un, hem de Özal'ın öldürüldüğü yazıyordu. Potasyum yüklemesi yapılarak, iz bırakmadan ölümler gerçekleştirilebiliyordu"* diyordu.

Osman Sönmez'in bir yazısında naklettiği, Haydar Aliyev'in, "Özal'a ilk zehir Türkmenistan seyahatinde verildiği" iddiası ile ilgili bir hatıramı burada anlatmak istiyorum. Zaman gazetesinin Genel Yayın Yönetmeni vazifesini yaptığım o yıllarda, Özal'ın şubat ayındaki Balkanlar gezisinden sonra 3–15 Nisan 1993'te ölmeden önceki 13 gün süren son Orta Asya seyahatinde bulundum. Kazakistan, Kırgızistan, Özbekistan'dan sonra 12 Nisan'da Türkmenistan'a gelindi. Aşkabad'taki resmi görüşmelerden sonra 13 Nisanda Merv ziyaret edilerek aynı gün geri dönüldü. Aşkabad'ta akşam yemeğinden sonra gece 22 sularında Özal Türk basın mensupları ile gezinin bir değerlendirmesini yapıyordu. Burada en az 15 basın mensubu vardı. Ertesi sabah Azerbaycan'a gidilecekti. Özal'ın morali çok bozuktu. Çünkü Ermeniler Orta Asya seyahati başlamadan önce Karabağ'da ve Karabağ dışındaki İran sınırındaki Azerbaycan'a ait Cebrail ve Fuzuli'ye girmişler, Nahçıvan ile Azerbaycan'ın arasındaki mesafe 40 km'den 100 km üzerine çıkmıştı. *(Hâlâ aynı yerler Karabağ Ermenilerinin işgali altındadır,* H.E.) Özal, Orta Asya seyahatine çıktıktan sonra Türk Ordusu'nun bir tatbikat vesilesiyle Ermenistan'a müdahale edeceğini ima eden sözler sarf etmişti. Milliyet Gazetesi'nde manşetten yayınlanan Özal'ın bu sözlerine Başbakan Demirel çok sert açıklamalarla karşılık vererek "*böyle bir şeyin asla söz konusu olmadığını*" ifade edecekti. Özal burada yaptığı açıklamayla "*Hükümet ve askerden farklı olarak Ermenistan'a gözdağı verilmesini arzu ediyordu.*" Hatta doğuda ordu tarafından yapılacak bir tatbikatla birkaç bombanın Ermenistan'a atılarak ciddi baskı yapılmasını, bu suretle Azerbaycan'ın da yanında olduğumuzun gösterilmesini istiyordu.

Özal gazetecilerle Aşkabad'taki son gecesinde geziyi değerlendirirken sorulara da cevap veriyordu. O konuda canı sıkılacağı bilinmesine rağmen bir gazeteci arkadaş aniden gündemi değiştirerek; Demirel'in tavrını ve kendisinin (Özal'ın) Ermenistan için verdiği tepkiden amacının ne olduğunu sorunca Özal özetle; Türkiye Cumhurbaşkanı'nın Orta Asya gezisi sırasında sarf ettiği sözlerin en azından arkasında durulmasının Ermenistan'ın Karabağ'da yaptığı işgale karşı Azerbaycan'ın yanında olduğumuzu gösteren bir tavır olacağını belirtti. "*Fakat Demirel, bana karşı şahsi hırs ve tavırları ile bu fırsatı kaçırmamıza sebep oldu... Yarın ben Azerbaycan'da ne yapacağım. Çok tutarsız bir durum ortaya çıktı...*" dedi... Morali çok bozulmuştu. Çok duygulandı. Son sözlerini şu şekilde sarf etti. "*Hepimiz faniyiz... Fakat devletimiz bakidir. Basit şeylerle ülkemizin menfaatlerine halel getirmemeliyiz*" dedi. 5–10 saniye konuşmadan öylece kaldı. Baktım Özal'ın yüzü birden mosmor oldu. Sanki ölen bir insanın yüz morartısı gibi geldi bana. Yanında duran Cumhurbaşkanlığı sözcüsü Büyükelçi Kaya Toperi, Özal'ın fenalaştığını fark etti. Aniden gazetecilere dönerek, "*Arkadaşlar, tamam*" dedi. Başka soru sorulmasına fırsat vermeden hemen araya girerek Özal'ı adeta oturduğu yerden kaldırırcasına, "*Efendim bu kadar yeter. Geç oldu, yarın*

Azerbaycan'a gideceğiz" diyerek toplantıyı sonlandırdı. Her şey bir dakika içinde oldubitti. Hiç kimse herhangi bir soru da soramadı. O an Özal'a, "*Efendim yüzünüz mosmor oldu. Kalp rahatsızlığınız mı var?*" diyecektim, fakat sorumu bile soramadım. Dışarı çıkarken toplantıda beraber olduğumuz Zaman Gazetesi Başyazarı Fehmi Koru ve imtiyaz sahibimiz Alâeddin Kaya'ya, "*Fark ettiniz mi? Özal mosmor oldu, ciddi bir rahatsızlığı mı var?*" dediğimde her ikisi de bana, "*O an çok duygulandı morali bozuldu başka bir şey yok*" demişti.

Özal ile 14 Nisan sabahı Azerbaycan'a geldik. Elçibey tarafından karşılanmıştık, fakat Cumhurbaşkanı Özal'ın imajı ciddi bir biçimde sarsılmıştı. Özal, Azerbaycan gezisini bir gün kısaltarak 16 Nisan yerine bir gün önce akşamüstü Türkiye dönüş yaptı.

17 Nisan'da vefat olayı gerçekleştiğinde gazetedeki arkadaşlara Türkmenistan'da gezi sırasında Özal'ın yüzünün mosmor oluşunu, olayın arkasında bir zehirlenme olabileceği endişemi ifade ettim. İkinci bir kaynaktan o gün için doğrulanması mümkün olmayan iddiamı tasdikleşemediğim için böyle bir iddianın Türkmenistan'la da bir krize yol açabileceği endişesiyle Zaman'da haberi manşetten verememiştim. Bu kitabın son tashihlerini yaparken Osman Bey'in söz konusu yazısıyla karşılaşınca (26 Ekim 2005) bu hatıramı anlatmadan geçemedim. Zira Haydar Aliyev KGB'de uzun yıllar çalışmış ve SSCB'de Politbüro üyeliği yapmış, tecrübeli ve dünyada olup bitenleri iyi bir biçimde görüp, analiz edebilecek bir kişilikti. Kendisi, Özal'ın öldüğü tarihte de Nahcivan Meclis Başkanı ve Özerk Nahcivan Cumhurbaşkanıydı. Keşke vefatından önce Özal'ın zehirlenmesi ile ilgili bilgisine başvurulabilseydi. Aliyev'in ileride yayınlanacak hatıratında Özal'ın zehirlenmesi ile ilgili bilgilerin de yer alacağını ümit ediyorum.

Şayet Özal iddia edildiği gibi öldürülmüşse bunu kim, niçin yapmış olabilir? Şüphesiz bunun altında Aliyev'in de dile getirdiği gibi global düzlemde tasarlanan planda Türkiye'ye biçilen görevin Özal Türkiye'siyle yapılamayacağını görenlerin rolü büyüktü. Fakat bu olayın iç siyasetle doğrudan çakıştığı yerde oklar PKK'yı ve Kürt sorununu göstermekteydi. Özal'ın iktidarı sırasında içeride terör ortamından beslenen oligarşik, derin devlet yanlıları eliyle Türk milletine tanınan haklar güvenlik kaygılarıyla uygulanan sıkıyönetim ve olağanüstü hal yönetimleriyle bölge halkından esirgenmiş, bu PKK'ya bölge halkı nezdinde uygulayacağı stratejisinin psikolojik unsurun ortaya çıkışını kolaylaştıracaktı. Bunun yanı sıra gerek çevre ülkeler, gerekse batılı ülkeler tarafından PKK kimi zaman doğrudan, kimi zamansa özgürlük ve demokrasi söylemleri üzerinden dolaylı olarak destek buluyordu, PKK ABD ve İsrail'in elinde de gerektiği zaman kullanılan bir kart ya da koz haline geliyordu.

Özal işte bu noktada sorunun şiddete başvurulmadan çözülmesi için kollarını sıvıyordu. 1991 Mart'ında Iraklı Kürt lider Celal Talabani ile temasa geçilmesi için diplomat ve istihbarat görevlilerine talimat verildiği yönünde bir açıklamada bulunuyordu. Kısa bir süre sonra "şiddet yoluyla çözülemeyecek" Kürt sorununu çözmek istediğini dile getiriyordu. Tüm bunlar o günlerde egemen politika açısından devrim sayılabilecek hamlelerdi. Özal, 1993'ün Şubat ayında Demirel'e ölümünden sonra ortaya çıkacak bir mektup göndermiş, bu mektupta Kürt sorununun "Türkiye Cumhuriyeti tarihinin en büyük sorunu" olduğunu ve "geçmişin hatalarını açıkça itiraf edilmesi ve gerçekçi çözümlerin aranması" gerektiğini belirtiyordu. Ne var ki yeni Başbakan Demirel ve ordu cephesinden çok geçmeden direnişle karşılaşacaktı. Yine de oluşan hava neticesinde PKK tek taraflı ateşkes ilan etmiş, Türk hükümeti görüşme önerisini resmi olarak cevapsız bıraktıysa da oluşan havada silahlı çatışmalarda da azalma gözlenmeye başlamıştı.

Kürt ihtilafı 1993 yılı baharına gelindiğinde daha önce hiç olmadığı kadar çözüme yakınlaşmıştı. Ne var ki, bu Türk güvenlik güçleri içindeki bazı kesimlerle milliyetçi çevrelerde olduğu gibi, PKK'nın radikal kanadında da hoşnutsuzluk ve direnişle karşılanacaktı. Özal'ın ölümünden kısa bir süre sonra, 24 Mayıs 1993 tarihinde Bingöl yakınlarında asker taşıyan bir yolcu otobüsüne baskın yapıldı ve 35 kişi öldürüldü. Güvenlik güçleri, faillerin adresi olarak PKK'yı gösteriyordu. İleriki yıllarda yakalanarak Türkiye'ye getirilen Öcalan ise mahkeme önünde, katliam için emir vermediğini, bunun barış rotasını torpillemek isteyen "radikal güçlerin" bir eseri olduğunu söyleyecekti. Baskını yapan her kimse, sorunun çözümü yolundaki tüm kazanımları ve umutları da böylece yok etmiş oluyordu. Zira bu olay sonrasında ateşkes sona ermiş, hükümet de hazırlamış olduğu kısmi af yasasını geri çekmişti.

Gazeteci Cengiz Çandar 1993 Mart ayında PKK'nın ateşkes ilanından sonra Özal'ın af planı düşüncesini kendisine açıkladığını Bugün Gazetesi'nin 9 Eylül 2005 nüshasında şu satırlarla anlatmaktadır: "*Sofranın başına geçtiğimizde, 'Anlat bakalım' dedi. Yorgunluk ve uykusuzluktan kafamı toplamaya çalıp, nereden başlayacağımı düşünürken, beni beklemeden, 'Bak ben ne düşünüyorum biliyor musun' diye söze girdi. 'Bir af çıkartmak gerekiyor. Dağdakileri aşağı indirmek lazım. Ama lider kadroyu af dışında tutarsak, iş yürümez. Ama onlara da af çıkartmak mümkün değil. O nedenle, kademeli bir af çıkartmak gerekiyor. Yani, haklarında hiçbir takibat bulunmayan dağdakileri siyasi haklarını derhal kullanacakları biçimde affetmek; Apo ve diğer liderlere de, mesela beş yıl sonra, beş yıl içinde hiçbir suç işlemedikleri takdirde aynı şekilde aftan yararlanabilecekleri hükmünü getiren kademeli bir af...' Dayanamadım, 'Bu Meclis'ten böyle bir af çıkar mı efendim?' diye sordum. Kestirip attı: "Hayır, çıkmaz. Ben de nasıl olabileceğine kafa yoruyorum zaten...' Saat sabaha karşı 5'e geliyordu. 'Birkaç saat sonra MGK toplantısına başkanlık edeceksiniz. Tüm ülke ve hatta dış dünya, PKK ateşkes ilanının hemen ertesinde, Nevruz öncesinde MGK bildirisinin nasıl çıkacağını merak ediyor. Ne çıkacak?' Gazetecilik merakıma engel olamamıştım. O soruyu sormaktan kendimi alamadım. 'Hiçbir şey çıkmayacak' dedi. "Onlara diyeceğim ki, Biz, koca bir devletiz. Hemen tepki verirsek, devleti bir örgüt ile eşitlemiş oluruz. Yarın bayram tatili başlıyor. Hepiniz, bu tatilde bu konuyu şöyle kafanızın içinde yatırın, salim kafayla bir düşünün. Sonrasında, bir çizgi, bir politika oluşturalım. Bugün bir tepki vermek, devlet olan bir devlete yakışmaz...'*

MGK toplanmadan önce, sonucu MGK'dan bile önce biliyor olmanın imtiyazı ve Turgut Özal'a duyduğum güven duygusuyla Köşk'ten çıktığımda gün ağarıyordu. Tam karşıda Dışişleri Konutu. Saat 9'da beni orada Dışişleri Bakanı Hikmet Çetin ile Müsteşar Özdem Sanberk, aynı konuda görüşmek için bekleyecekti. Basının o görüşmeden haberi yoktu. Çankaya Köşkü'nün kapısında kimse kalmamıştı. Turgut Özal, Kürt sorunu'nun çözümüne ilk aşamada yardımcı olacak şekilde, silahların susmasını sağlamak amacıyla bir af planını kafasında oluşturuyordu. Bundan bana ilk kez, Abdullah Öcalan'ın 16 Mart'ta (1993) "ateşkes" ilanının hemen ertesinde, 19 Mart günü sabaha karşı Çankaya Köşkü'nde sahur sofrasında açıklamıştı. Birkaç saat sonra, MGK toplanacaktı. İlk tasarladığı haliyle, af planı'nın TBMM'den o gün için geçmesinin mümkün olmadığını düşündüğünden, konuyu MGK'ya sunmayacaktı. Konunun kafasında bir hayli şekillendiğini, ölümüne 48 saatten az bir süre kala, Bakü-Ankara uçak yolculuğunda benimle yaptığı son konuşmasında anlamıştım. Hükümete (Süleyman Demirel başkanlığındaki DYP-SHP koalisyonu), ateşkes süresi'ni boşa harcadığı, sorunu çözmek için hiçbir ciddi çalışması bulunmadığı kanaatinden ötürü kızıyordu. 'Kürt sorununun çözümünün, cumhurbaşkanı olarak milletine son görevi olduğunu, her şeyi göze alıp, bir süre bekledikten sonra bir çözüm planı sunacağını' o son görüşmemizde bana söylemişti. Kafasındaki planda yine daha önce sözünü ettiği 'af' önemli bir yer tutuyordu. Ama nasıl olacaktı? TBMM aynı TBMM'ydi. Turgut Özal, hükümeti oluşturan partiler bir yana, kendi kurduğu ve geliştirdiği ANAP'la bile aynı dalga boyunda değildi. 'Bunu Meclis'e sunmadan bir hükümet kararnamesiyle çıkartmak imkânı var. Bir kanun buna imkân tanıyor. Öyle ki, Anayasa Mahkemesi'ne başvurma zorunluluğu olmayan kararname türü içine sokulabilir' dedi. Hangi kanun? Nasıl bir kararname türü? Bu soruların cevabını ben bilmiyordum. O da, anladığım kadarıyla, araştırma safhasındaydı. Peki, buna imkân varsa da, hükümete nasıl kabul ettirecekti? Aklıma Portekiz örneği geldi. Salazar'ın diktatörlük rejimini ve Angola ile Mozambik'teki savaşı sona erdirmekte Angola ve Mozambik'te savaşan asker kadroların büyük rolü olmuştu. 'Askerler belki cesur bir adım atılmasını destekleyebilirler. Ne de olsa cephede savaşan onlar. Onlar ikna olursa, hükümete bu yönde bir telkinde bulunabilirler mi? Ne dersiniz?' diye sordum. Askerlerin 'barışa daha duyarlı olduğunu' vurgulamak için, 'Hiç şüphen olmasın' dedi. 'Hele bir Türkiye'ye dönelim. Bakacağım. Süleyman'la (Demirel) konuşacağım' dedi. Yüzüne dalgın bir ifade yerleşmişti. Konu kapandı. Ölümünden önceki son gece Başbakan Süleyman Demirel ile görüştüğünü öğrendim. Bu konunun açılıp açılmadığını, konuşup konuşmadıklarını bilmiyorum" demektedir.

Bir iddiaya göre Cumhurbaşkanı Özal, Başbakan Demirel ile ölmeden önceki 16 Nisan 1993 gecesi görüşmüş ve birde Demirel'e bir mektup vermişti. 17 Nisan sabahı da aniden kalp kriz iddiası ile vefat etti. Süleyman Demirel bu konuda bugüne kadar sessizliğini korudu. Özal'ın verdiği mektupta ne yazdığını ise asla açıklamadı.

Özal'ın öldüğü yıl olan 1993 tarihine göz attığımızda, bu yılda önemli faili meçhul cinayetlerinin işlendiğini görmekteyiz. 24 Ocak'ta PKK- MİT-Derin devlet- CIA ve Mossad ilişkilerini fark eden gazeteci Uğur Mumcu C–4 suikastı ile öldürüldü. 17 Şubat 1993'te ise PKK olayına ve Çekiç Güç'e karşı tavır alan Jandarma Genel Komutanı Eşref Bitlis bir uçak kazası süsü verilen suikastla öldürülecekti.

Bu ölümlerden hemen sonra JİTEM kurucusu, PKK'ya karşı gerilla savaşı veren ve siyasi çözümden yana olmayan Jandarma Genel Komutanı Eşref Bitlis'e doğrudan bağlı olarak çalışmış Binbaşı Ahmet Cem Ersever ve otuza yakın aynı düşüncedeki mesai arkadaşı mart başından geçerli olmak üzere Eşref Bitlis'in uçak kazası (!) sonrasında dilekçe vererek ordudan emekliliğini isteyerek ayrılıyorlardı. 29 Ekim 1993'te Cem Ersever ve iki arkadaşı Ankara çevresinde ölü olarak bulunacaktı.[51]

Hükümetin hazırlıklarını yaptığı ve Özal'ın ısrarlı olduğu PKK'lılar için hazırlanan kısmi af yasa tasarısı da rafa kaldırılmış, ülke yeniden geride binlerce şehit ve gözü yaşlı anneler bırakacak silahlı mücadele batağına itiliyordu. Çok enteresandır ki, yıllar sonra Susurluk olayının ortaya çıkarılmasının akabinde faili meçhul cinayetler ve PKK terör eylemleri sessizce sona erdirilecekti.

---

51 Soner Yalçın'ın Binbaşı Ersever'in İtirafları isimli kitabında faili mechul cinayetler ile devlet içindeki Hizbullah, PKK kıyafeti ile dolaşan devlet güvenlik görevlileri, itirafçılar, geçici köy korucularının ve Jitem ve benzeri illegal yapılanmalara ait birçok ayrıntıya yer verilmektedir (Kaynak Yayınları, 1998).

DYP-SHP, ANAP-DYP, REFAH-YOL Koalisyonlarıyla 28 Şubat Sürecine Nasıl Gelindi?

Özal'ın ölümünün ardından 16 Mayıs 1993'te Süleyman Demirel Çankaya'ya çıkar. Devletin zirvesinde ileriki yıllarda birçok önemli gelişmenin dönüm noktası sayılabilecek bu gelişme olurken, siyaset sahnesinde Erbakan'ın yıldızı yeniden parlamaktadır. 1989'da yerel seçimlerde gelen sürpriz başarının ardından 1991 genel seçimlerinde MÇP ve IDP ile yapılan ittifak neticesinde Refah Partisi üçüncü parti olur. Demirel'in Cumhurbaşkanı olmasıyla DYP Genel Başkanı olan Tansu Çiller ile SHP Genel Başkanı Murat Karayalçın'ın kurduğu uyumlu koalisyon döneminden sonra, 1994'teki yerel seçimleri başta İstanbul olmak üzere birçok merkezde zaferle tamamlayan RP 24 Aralık 1995 seçimlerinden de arkasına aldığı bu 'yerel' rüzgârla 158 milletvekili kazanarak birinci parti olarak çıkar. Erbakan'ın hükümet kuramamasıysa göreve gelen DYP-ANAP koalisyonu kısa sürede başarısız olunca Erbakan'a siyasal hayatında ilk kez Başbakanlık koltuğunu kazandıracak, Tansu Çiller'in DYP'siyle kurulacak, REFAH-YOL koalisyonunun önü açılır. Oligarşi özlemlileri bu koalisyonu bitirmenin yollarını ararken, tam tersinde sürpriz bir şekilde meydana gelen Susurluk kazasıyla önemli bir fırsat Erbakan'ın önüne gelmiştir.

Susurluk Olayı - Derin Devlet Bağlantıları

3 Kasım 1996'da meydana gelen meşhur Susurluk kazası sonrasında REFAH-YOL koalisyon hükümetinin Başbakanı Erbakan 18 Kasım'da MİT'ten konuyla ilgili ayrıntılı bilgi talep eder. Bu talep üzerine MİT müsteşarı Sönmez Köksal, 19 Kasım'da istenen raporu kendisine sunar.[52]

---

52 Sönmez Köksal, MİT Susurluk Raporu, 19 Kasım 1996.

MİT raporunda olayın sadece Emniyet ve siyasilerle ilgili yönünün ayrıntılı ele alınmasına rağmen Jandarma, JİTEM ve MİT bağlantıları üzerinde durulmamıştır. Raporda gündeme gelen şahıslar hakkında özetle şu ifadeler yer almıştır: "İleri sürülen iddialarda ismi geçen *9 şahıstan 17'si halen hayatta bulunmamaktadır. 9'u yalnızca isimleri ile tanınan 59 kişiden; 4'ü politikacı, 4'ü işadamı, 14'ü mafya ile bağlantılı oldukları ileri sürülen eski ülkücü, 5'i TSK mensubu, 13'ü emniyet mensubu, 1'i din adamı, 1'i MİT mensubu, 1'i MİT'le bağlantılı olduğu iddia edilen şahıs, 2'si İran orijinli şahıs, 8'i mafya bağlantılı ve eroin kaçakçısı oldukları iddia edilen şahıs, 1'i şoför, 1'i PKK itirafçısı, 1'i Suriye orijinli bayan, 2'si Kürt orijinli avukat, 1'i genelev işletmecisi bulunmaktadır..."*[53]

Jandarma ve JITEM'in adeta yok sayıldığı raporda askerle ilgili sadece aşağıdaki iki hususa yer verilmiştir: "*...Yzb. Hüseyin Pepekal'ın halen Silahlı Kuvvetler bünyesinde bulunup bulunmadığı, Silahlı Kuvvetler'de ise hangi birimde çalıştığı hususları Genelkurmay Başkanlığı'nca belirlenebilecektir... Hakkâri/Yüksekova'da, uyuşturucu kaçakçılığı amacıyla oluşturulduğu iddia edilen 'Üniformalı Çete' ve benzerlerinin kurulması, sevk ve idaresine M. Ağar'ın yeri ve konumunun Jandarma Genel Komutanlığı ve Emniyet Genel Müdürlüğü bünyelerinde oluşturulacak muhakkik yetkisinde bir komisyon tarafından araştırılması gerekmektedir.*"

Tek yönlü hazırlanan MİT raporunda önemli eksiklikler bulunması bir tarafa, raporda Susurluk olayı ile ilgisi olmadığı halde MİT Müsteşar Yardımcısı Mikdat Alpay tarafından Fethullah Gülen ismi de Haluk Kırcı'nın Nahçivan'da bulunan Türk

---

53 Sönmez Koksal, MİT Susurluk Raporu, 19 Kasım 1996.

okullarını ve Fethullah Gülen'i takdir eden bir sözünü bağlantı sebebi sayarak MİT raporuna eklenmiştir. Ne yazık ki Susurluk olayının boyutlarını kavrayamayan ve ilk günlerde olup bitenleri "faso fiso" olarak değerlendiren Erbakan elindeki çok önemli bir fırsatı DYP Lideri Çiller, Adalet Bakanı Mehmet Ağar ve ekibini kollama düşüncesinden hareket ederek kaçırmıştır.[54]

Refahyol'un sona ermesinde ve Erbakan'ın siyasi hayatının bitmesinde Susurluk olayını anlayamaması ciddi bir kırılma noktasıdır. Hâlbuki Erbakan, Susurluk olayına karışan tüm tarafları mahkeme karşısına çıkarabilseydi, 28 Şubat'ta karşısında bulacağı gruplaşmaları tasfiye etmiş olacak, belki de ülkenin kaderini değiştiren bir Başbakan olarak tarihe geçecekti.

Erbakan, hükümet üzerindeki baskıları hafifletmek maksadıyla 12 Haziran'da istifa ederek görevi devralacak Tansu Çiller Başbakanlığı'nda Refahyol hükümetini devam ettirmek istediyse de uzun vadede işler hiç de planladığı gibi ilerlememiştir. Zira medya destekli, sivil ve asker postmodern darbecilerin baskısı ve Cumhurbaşkanı Demirel'in desteği ile DYP'den istifa ettirilen milletvekilleri Demokrat Türkiye Partisi ve ANAP'a yönlendirilmiştir. İlerleyen günlerde Demirel'in hükümet kurma görevini Mesut Yılmaz'a vermesiyle de oligarşi hem rotayı şaşıran partilere cezasını veriyor hem de yeni dönemin uygulamalarını rahatlıkla sürdürecek bir siyasal iktidarın resmini çiziyordu.

28 Şubat Hükümetleri

DYP'yi Demirel'in elinden alan Çiller yıpratılmış, 21 Mayıs 1997'de Yargıtay Cumhuriyet Başsavcısı Vural Savaş'ın Anayasa Mahkemesi'ne yaptığı başvuruyla 2–3 aylık bir yargılama sürecinin sonunda RP kapatılmıştı. Refahyol'dan sonra, ANAP ve

54 İlgili iddialar raporun 5. bölümünde yer almaktadır.

DSP ortaklığında Anasol-D hükümeti kuruluyordu. Susurluk olayını Başbakan Mesut Yılmaz tarafından verilen talimat ile soruşturan Başbakanlık Teftiş Kurulu Başkanı Kutlu Savaş olayın MİT'in hazırladığı raporda olduğu gibi sadece bir ekibin değil, MİT, Jandarma (Jitem), Emniyet, devlet bürokrasisi, sermaye çevreleri ve siyasetçinin iç içe olduğunu ortaya koymuştur. Kutlu Savaş raporunda bütün ilişkileri gözler önüne sermiştir.[55] Ne var ki Mesut Yılmaz kendilerini iktidara getiren ekibe karşı göz göre göre olayların üstüne gidememiştir. Türkiye'nin hazinesinin boşalmasına, özel ve resmi bankaların hortumlanmasına 28 Şubat'ta kurulan bütün hükümetler adeta göz yumacaklardır.

ANASOL-D hükümetinin mecliste düşürülmesi ile başlayan hükümet arayışları, Ocak 1999'da DYP ve ANAP destekli Ecevit azınlık hükümeti ile noktalandı. Ecevit 19 yıl aradan sonra yeniden başbakan oluyordu. Abdullah Öcalan'ın Kenya'da yakalanarak Türkiye'ye getirilmesinden (ya da verilmesinden) yaklaşık 2 ay sonra 18 Nisan 1999'de yapılan genel seçimlerle DSP birinci parti olarak meclise girecek, Mayıs 1999'da son dönemin en çok tartışılan koalisyon hükümetlerinden ANASOL-M, DSP, ANAP ve MHP arasında kurulacaktı.

AKP İktidarına Giden Yol

Bir kaç yıl öncesinin iktidar partisi Milli Görüş kadroları ise RP'nin kapatılmasının ardından yola Fazilet Partisi ile devam etme kararı almışlarsa da 28 Şubat sürecindeki duruşları nedeniyle seçimlerde fazla bir başarı gösterememişlerdir. Bu aynı zamanda

---

55 Kutlu Savaş, Başbakanlık Susurluk Raporu, 1997.
Kutlu Savaş raporunda özetle; İstanbul'da Özgür Gündem Gazetesi'nin bombalanması, Behçet Cantürk'ün öldürülmesi, Diyarbakır'da yazar Musa Anter'in öldürülmesi; İstanbul'da Tarık Ümit olayı ile Azerbaycan'da ihtilâl denemesi; Bodrum'da Hikmet Babataş cinayeti, Gaziantep'te Mehmet Ali Yaprak'ın kaçırılması, Bankaların trilyonluk kredileri gerçekte Ankara'da cereyan eden olayların muhtelif yansımaları olduğunu söyler.

ileriki yılların gündemini belirleyecek, parti içi ayrışmanın da başladığı dönem olacaktır.

28 Şubat sürecinden ders çıkaran, parti içerisinde *Yenilikçiler* olarak adlandırılan grup, somut olarak ilk kez parti başkanlığı için Erbakan'ın tavrına rağmen Abdullah Gül'ü aday göstererek kendilerini siyasal bir alternatif olarak görünür kıldılar. Seçimi Gelenekçi kanadın, dolayısıyla Erbakan'ın adayı olan Recai Kutan kazanmıştı. Fakat bu kongreyle dönüşü olmayan bir yola da girilmişti. Okuduğu bir şiir yüzünden hapse atılan, dönemin İstanbul Belediye Başkanı Recep Tayyip Erdoğan, Erbakan tarafından Yenilikçi hareketin lideri olduğu için hapis süresi ve sonrasında ziyaret dahi edilmeyecekti. Kısa bir süre sonra Fazilet Partisi'nin de kapatılması üzerine Tayyip Erdoğan ve ekibi, Erbakan ile yollarını kesin bir şekilde ayırarak Adalet ve Kalkınma Partisi'ni kurarak mecliste grup olarak temsil edilir hale geldiler. Yaşanan siyasi badirelere karşın Abdullah Gül başkanlığındaki AKP erken seçimlerde halkın desteğini büyük oranda kazanmayı başarmıştı.

Millet 27 Mayıs, 12 Mart, 12 Eylül darbelerinden sonra bir kere daha laikçi-seküler oligarşiye karşı çıkmıştır. 28 Şubat postmodern darbesine boyun eğen ve verdiği oylara sahip çıkamayan merkez sağ partilerin hepsini birden cezalandırmıştı. DP olayından 52 sene sonra İlk defa bir partiden koparak gelenlere iktidarı vermiş oldu.

AKP'nin Genel Başkanı R. Tayyip Erdoğan'ın siyasi yasağı kaldırılmayarak seçimlere katılması engellendi. Buna rağmen, seçim meydanlarında arkadaşları için oy isteyen Tayyip Erdoğan'ın imajı halkın daha da fazla AKP'ye teveccüh etmesine yol açacaktı. Erbakan'ın yıllardır yapmaya muvaffak olmadığı değişimleri, *"Milli Görüş gömleğini çıkardık"* sözleriyle yapmaya muvaffak oldular.[56] Kasım 2002'de yapılan Erken genel seçimlerde

---

56 Yusuf Yazar, Refah Partisi İktidarı ve Dindarlar İçin Yeni Bir Dönemeç.

AKP'nin mecliste üçte iki çoğunluğu elde ederek iktidara gelmesi şaşkınlığa yol açmıştı. Özellikle meclise giremeyen merkez sağ, sol partiler ve liderleri ne olduğunu anlayamadan bir anda meclisteki koltuklarından ve toplumun gündeminden düşmüşlerdi. Türk halkı, 27 Mayıs, 12 Mart ve 12 Eylül darbelerinden sonra bir kez daha laikçi, oligarşiye karşı çıkmış, 28 Şubat postmodern darbesine boyun eğen ve emanet ettiği iradeye sahip çıkamayan merkez sağ partilerin hepsini birden cezalandırmış, DP iktidarından 52 sene sonra ilk defa bir partiden koparak gelenlere iktidarı vermiş oldu. Meclise AKP dışında bir tek %10 barajını aşabilerek giren sadece CHP olmuştu.

Tayyip Erdoğan'a Başbakanlık Yolu Açılıyor

Kısa bir süre sonra, AB yolunda yapılması gereken reform paketi kapsamında Ocak 2003'te siyasi yasaklılığı kaldırılan Tayyip Erdoğan, Kasım'da yapılan Siirt seçimlerinin iptal edilmesinin akabinde partisinin Siirt milletvekili olarak meclise giren Mervan Gül'ün martta yenilenen seçimde aday olmaması sayesinde kendi adaylığını koyarak Siirt Milletvekili olarak Meclis'e girecekti. Abdullah Gül başbakanlığındaki hükümetin Mart 2003'te istifasını sunmasının ardından da Nisan 2003'te başbakanlık koltuğuna oturacaktı.

Başbakan olmaması için askeri çevreler başta olmak üzere kamuoyu oluşturma yönünde yürütülen ciddi kampanyalara rağmen Tayyip Erdoğan Nisan 2003'te Başbakan olunca, çok geçmeden Mayıs ayında söz konusu kampanya ilk somut meyvesini verecekti (!). Mayıs 2003'te Cumhuriyet Gazetesi'nde yayınlanan ve gerek medyada gerekse kamuoyunda yankı uyandıran, "Orduda genç subaylar rahatsız" haberleri ile gizli cuntalar devreye girerek Genelkurmay Başkanı'na bile karşı tavır içine girebilme cesaretini gösterebilmişti. Ne var ki, üst düzey 8 komutanın tavrına rağmen Genelkurmay Başkanı'nın tavrını demokrasinden yana koymasıyla Türkiye rahat bir nefes almış oluyor, Tayyip Erdoğan da Başbakan koltuğunda karşı karşıya kaldığı ilk badireyi böylelikle atlatıyordu.

"Genç subaylar rahatsız" haberlerinden sonra medyada isimleri de yayınlanan ve yaptığı açıklamalarla devamlı gündeme gelen bu komutanlardan, dönemin Ege Ordu Komutanı Org. Hurşit Tolon'la Siirt seçimlerinin hemen sonrasında, 2003 Mart'ında Zaman Gazetesi Pakistan-Afganistan temsilcisi olduğum sırada makamında yaptığım uzun bir görüşmede Tayyip Erdoğan'a karşı olan tavırlarını gayet net görme fırsatını buldum. Onlara göre Abdullah Gül başbakan olarak kalmalıydı. Tayyip Erdoğan başbakanlığa gelmemeliydi. Kendilerine özetle, "*Madem Tayyip Erdoğan'ın Başbakan olmasına bu kadar karşı tavrınız vardı, Yüksek Seçim Kurulu'nun Siirt'te seçimi yenilemesine nasıl oldu da engel olamadınız?*" dediğimde, "*Demokraside YSK'ya karışılamaz*" dedi. Ben de kendisine, "*O zaman milletin oyları ile milletvekili olmuş parti liderinin de başbakan olma hakkına da siz karışmamalısınız*" demem üzerine cevap vermedi.

Türkiye'de bir kesim Başbakan olan Tayyip Erdoğan'ı, Erbakan'ın devamı olarak görüyor, asla değişmediğine inanıyordu. Siirt'te şiir okuduğu için 4 ay hapiste kaldığı Temmuz 1999'den bu yana son 5–6 yılda Erbakan ile Tayyip Erdoğan'ın yollarının kesin bir şekilde ayrıldığına inanmıyor, hep takıyye yaptığını düşünüyorlardı.

Buna karşın, Tayyip Erdoğan başbakanlığındaki hükümet süratle AB uyum yasaları kapsamında Anayasa ve yasalardaki değişiklikleri gerçekleştiriyor, 28 Şubat'ın palazlandırdığı ekonomik darboğazdan kurtulmak için ciddi atılımlar atılıyordu. Faizler düşmeye başlıyor, enflasyonun kontrol altına alındığı zeminde Türk lirası da değer kazanmaya başlıyordu. Yolsuzlukların üzerine gidilmeye başlanmış, ülke içindeki kalkınma hamleleri gerek sanayi yatırımları gerekse özelleştirme ve yabancı sermayenin ülkeye çekilmesi üzerinden bir bir gerçekleştiriliyordu. Ekonomik başarıların üstüne 17 Aralık 2004'te Kopenhag Kriterleri'nin kısa bir süre içerisinde başarıyla hayata geçirilmesi neticesinde AB Başkanlar Konseyi'nden 3 Ekim'de üyelik müzakerelerine başlama kararı alıyordu.

Bütün bu iyi gelişmeler olurken aniden Ocak 2005'ten itibaren, ABD ile yaşanan tezkere krizinin akabinde Türkiye'nin bölgede ABD-İsrail eksenli politikalardan bağımsız hareket etme çabalarıyla daha da gerginleşen ilişkilere bir de ülkede yeniden baş gösteren terör olayları ekleniyordu. Sanki içte ve dışta birileri önceki dönemlerde gözlendiği gibi, bu kez de AKP iktidarında Türkiye'nin önünün açılmasından rahatsız olmaya başlamıştı. Yaz aylarına gelindiğinde anarşi ve PKK terörü ülkede yeniden yayılmaya, doğudan yeniden şehit cenazeleri gelmeye başlamıştı. Tayyip Erdoğan olaya, daha önce de Özal'da da gördüğümüz gibi, sivil çözüm arayışlarından yana tavrını koyacak, bunun için ilk kez Ankara'da aydınlarla yaptığı görüşmenin ardından Diyarbakır'a seyahat ederek PKK terörüne karşı çok net mesajlar verdiği konuşmasında; Kürt halkının ve Türkiye'nin bütün problemlerine demokrasi içersinde çözüm bulacaklarını anlatacaktı. Diyarbakır'ın HADEP'li Belediye Başkanı Osman Baydemir'in de, "*Başbakan'ın sorunları açıkça ifade etmesini ve çözmeye çalışacağını söylemesini önemsiyorum*" ifadesiyle Başbakan'ın girişimini desteklemesi, Kürt sorununa şiddet ile yanaşmak isteyen PKK ve yandaşlarına verilen anlamlı bir mesajdı.

Olağanüstü dönemlerin geri gelmesi halinde daha fazla problemler yaşayacağını Kürt aydınlarının ve bölge halkının gayet iyi bildiğinin farkında olan PKK, kendisine karşı zaten azalmış olan desteğin tamamen çekilmesi endişesiyle Başbakan'ın bu konuşması sonrasında 45 günlük bir ateşkes çağrısında bulunmak zorunda kaldı.

Bu noktada tartışmalar aynı hususa kilitlenmiştir: AKP, şiddete şiddetle cevap verip AB sürecinde Türk milletinin tüm fertlerine tanınan demokratik hakları elinden alma ya da kısıtlama yoluna mı gidecek, yoksa terör silahını kullananlara karşı demokratik bir Türkiye yolundaki açılımlara devam ederek ülkenin önünü açma yolunu mu seçecek?

AKP bu tercihle karşı karşıya bırakılmışken, bir dizi gelişme ile iktidarı birinci seçeneği kullanma yönünde zorlayacak gelişmeler de ardı arkasına yaşanacaktı. Ocak 2005'ten bu zamana kadar geçen bir yılda meydana gelen AKP ve Türkiye aleyhindeki gelişmeler ve geçtiğimiz günlerde artan terör bahanesiyle hazırlanmaya çalışılan antidemokratik Terörle Mücadele Kanunu'nun taslağının hazırlanması sırasında, Ağustos MGK öncesinde ve sonrasında medyada AKP aleyhinde birçok haber ve yazı yayınlandı. AKP iktidarı ve Başbakan aleyhinde askerlerin sert mesajlar verdiği iddialarını medyaya sızdıran kişilerden birisinin şu an ABD elçiliğinden emekli (!) olan John Kunstander ve geçen dönemde bir süre Başbakanlık'ta görevli olduğu iddia edilen ve John'un yakın dostu ve Ağustos MGK toplantı öncesi Genelkurmay'a TMK için antidemokratik taslak rapor gönderen araştırmacı(!) gazeteci Dr. Faruk Demir olduğu ortaya çıkacaktı.[57]

Eski hükümetlerin Gümrük Birliği'ne girme başarısından sonra AB üyeliği yolunda belirli kıstasları içeren Kopenhag kriterlerine uyulması halinde AB'ye girebilme ihtimaline AKP iktidara gelir gelmez sımsıkı sarılarak, hiç kimsenin beklemediği reformları da hızla yaparak 17 Aralık 2004'te müzakerelere başlama tarihi alması, bazı çevreleri ciddi endişeye düşürmüştü.

ABD'nin Ortadoğu'da gerçek stratejik ortağı olan İsrail'in aleyhine gelişen her duruma karşı güçlü Yahudi lobileri tepkisini

---

57 Fehmi Koru'nun Yeni Şafak gazetesinde yayınlanan 31 Ağustos ve 2 Eylül tarihli Taha Kıvanç imzalı Kulis yazısı ve Akşam gazetesinden Gülay Kömürcü'nün 30 Ağustos tarihli köşe yazısı.

hemen göstermekte ve her türlü karşı faaliyeti legal veya illegal yollarla hayata geçirebilmektedir. ABD politikalarında ani değişmeler meydana gelmektedir. AB ile 17 Aralık'ta müzakere tarihi alınma öncesinde Rusya ile ciddi bir yakınlaşma içine giren Türkiye, ayrıca İran ve Suriye ile de ABD-İsrail politikalarından farklı bir çizgi uygulamaya başladı. Bu nedenle, AKP iktidarını yıpratmak için Ocak 2005'ten bu güne kadar Türkiye'nin imajı içte ve dışta sarsılmaya çalışılmaktadır. Bunun en canlı şahidi olarak bizzat kendimin ABD Ankara Büyükelçiliği Siyasi Müsteşar Yardımcısı John Kunstander ile yaptığım görüşmede de fark ettim.

Çocuklarımın ABD vizesine başvurmaları sırasında pasaportlarında bulunan eski Afganistan vizesi yüzünden ABD Ankara Büyükelçiliği Müsteşar Yardımcısı sıfatını yaşayan ve Türkiye'de değişik dönemlerde en az 8 yıl kalan ve gayet net Türkçe konuşabilen John Kunstander benden görüşme talep etti. Bir saat süren görüşmede, tahminlerimin aksine oğlumun vize meselesi yerine, Zaman gazetesindeki konumum nedeniyle farklı şeyler konuşuldu.

Özetle Mehmet Eymür'ün kitabında bahsettiği ajan John[58] ile aynı kişi olduğunu tahmin ettiğim John Kunstander, "Zaman gazetesi ve Türk medyası ABD aleyhinde Irak'taki olayları bahane yaparak çok ciddi yayınlar yapıyor, ama ezeli düşmanınız olan Rusya aleyhinde tek kelime yazmıyorlar. Başbakan Tayyip Erdoğan, Rusya ile ilişkileri geliştiriyor ama ABD'ye tavır alıyor" dedi ve bunun kabul edilemeyeceğini çok açık bir dille ifade etti.

---

58 Mehmet Eymür İstanbul'da MİT kontrespiyonajda çalışırken 16 Mart 1983 tarihinde "Emekli bir Hava Kurmay Albay ile CIA mensubu ile gizli görüşmesinde yakalandı. Kurmay Albay (Aydınlık dergisine de bilgi veren ve hapiste ölen emekli Albay Turan Çağlar'ı kastediyor) ile CIA mensubu John isimli ABD ajanını suçüstü yaptıklarını ve tenha bir yerde yapılan bu görüşmenin görüntülendiğini ve suçüstü yapıldığını, Amerikalı John isimli ajanın 34 CA 200 plakalı konsolosluk aracını kullandığını..." ayrıntılı bir şekilde kitabında anlatmaktadır. Mehmet Eymür, Analiz-Bir MİT Mensubunun Anıları, Milenyum Yayınları, sf. 152.

Ben de kendisine, "Hata yapan Zaman gazetesi, Türk medyası veya Başbakan değil, BM kararlarını dinlemeden Irak'ı işgal eden bizzat ABD Başkanı Sayın Bush'un kendisidir ve ileride bunun çok zararlarını görecektir" dedim...

İktidar bir yandan da siyasal zeminde bilhassa AB ve Kıbrıs politikaları üzerinden Kızıl Elma Koalisyonu adını alan ulusalcı(!) cephe[59] tarafından kıskaca alınmaya çalışılırken, patlak veren Şemdinli benzeri provokatif olaylar ve akabinde askeriye içerisinden çıkan kimi sesler hükümeti ikinci bir Susurluk ihtimaliyle karşı karşıya bırakıyordu.

AKP'ye karşı AB ve Kıbrıs politikaları sebebiyle ortak cephe oluşturmaya çalışan ulusalcılar ve sivil çeşitli muhalefet çevreleri özellikle 2007 Mayıs ayında yapılacak Cumhurbaşkanlığı seçimlerinde Çankaya'da AKP'nin seçeceği eşi başörtülü bir cumhurbaşkanı görmek istemediklerini alenen Muhalefet lideri Baykal'ın başlattığı kampanyalarda ifade etmişlerdir. Hâlbuki eşi başörtülü bir cumhurbaşkanın Çankaya'da bulunmasının İlk Cumhurbaşkanı Atatürk'ün eşi Latife Hanımda başörtülü olarak 3 yıla yakın kaldığını bilmelerine rağmen ısrarla karşı gelmelerinin altında Atatürk'ün kurduğu Çağdaş medeniyet hedefini gösterdiği Cumhuriyeti taraftarı olmayıp, 1940'lardaki seküler "laikçi" (*dini asla devlet kurumlarında kabul etmeyen zihniyet olan*) Milli Şef İnönü döneminde uygulanan Laisizm kaynaklı Oligarşik Cumhuriyeti hayranı olmalarından kaynaklanmaktadır. Başbakan Tayyip Erdoğan ve AKP kurmayları bu tartışmalar sırasında Türkiye Cumhuriyetinde eşi başörtülü olan ilk Cumhurbaşkanı Atatürk'ün eşi Latife Hanımı örnek vermeyi nedense akıl edemediler.

---

59 Halk ise bu koalisyonun adını çoktan koymuştu. "Ülküdaş yoldaş el ele" başlığını atan Haftalık Haber dergisi konuyu kapak dosyası yaparak milliyetçi ve sol çevrelerin birbiriyle yakınlaştığını gözler önüne sermişti. Daha sonra bu koalisyondan MHP Devlet Bahçeli ve Ülkü Ocakları tepkiler üzerine ayrılacaktı. Bu tip yapılanmaların bir örneği olan ve Neo-Kuvvacılar olarak adlandırılan Vatansever Kuvvetler Güç Birliği, Aksiyon dergisinin 10 Ekim'de yayınlanan 566. sayısında kapak dosyası yapılmıştı.

2005 yılının sonuna geldiğimiz ve 3 Ekim'de müzakerelere başlayan, her yönden ilerlemeye ve ekonomik düzlüğe doğru çıkan ülkemizin önüne iç ve dıştan bir sürü güç odakları haklı veya haksız gerekçelerle AKP iktidarının cumhurbaşkanını belirlememesi için açık veya gizli olarak kaos ve siyasi belirsizlik oluşmasına için çeşitli denemeler yapılmaya başlanmıştır. 2006'da Erken Seçim istenmesinin altında da bu yatmaktadır.

İktidar ve muhalefet anlaşarak ülkede belirsizlik ortamını ortadan kaldırmak için 2006 yılı içinde süratle Anayasa'yı değiştirerek eşi başörtülü olsun veya olmasın geniş yetkilere haiz 5 artı 5' ile en fazla 2 dönemle sınırlı olarak cumhurbaşkanını halkın seçmesine veya yetkileri sınırlandırılmış, meclisin belirleyeceği 5 artı 5 ile vazife yapacak bir cumhurbaşkanı belirlenmesine fırsat vermelidir. Cumhurbaşkanlığı için 7 yıllık uzun süre mutlaka değiştirilmelidir. AB ülkeleri ve çevremizdeki bütün ülkeler ve eski Sovyet bloğu da dâhil Cumhurbaşkanını halkın seçmediği tek ülke maalesef Türkiye kalmıştır. Cumhurbaşkanı seçiminde halkına bu kadar güvenmeyen bir sistem mutlaka değiştirilmelidir.

Fakat bu konuda anamuhalefet başta olmak üzere oligarşi özlemleri olan bazı ulusalcı cephe taraftarları şiddetle karşı gelmektedirler. Hatta bazı çevreler Halkın cumhurbaşkanını seçmesi için Anayasa değişikliği yapılmasını darbe sebebi sayacak kadar ileri gitmektedir.

2007 Mayıs ayında Anayasa değişikliği yapılmadan 7 yıl için AKP'nin mecliste belirleyeceği eşi başörtülü cumhurbaşkanı endişesiyle ülkede oluşturulmak istenen bu belirsizliğe ve kaos ortamına son vermelidir. Aksi takdirde 2006–2007 yıllarında toplumsal çok problemler yaşamak zorunda kalacağız.

Kitabın son şeklini verdiğim günlerde ise Genelkurmay Başkanı'nın kim olacağı üzerindeki spekülasyonlar hakkında Korkut Özal'dan şöyle bir açıklama gelmiştir: "*Başbakanın yerine olsaydım Genelkurmay Başkanı'nın süresini bir yıl uzatırdım, hatta Cumhurbaşkanı olarak Çankaya'ya çıkartırdım.*" Bu sözler üzerine kamuoyu karışmıştır. Medya, 2006'da muhtemelen Genelkurmay başkanı olacak olan Yaşar Büyükanıt'ı açıkça desteklemiş ve bu destek Genelkurmay Başkanı Hilmi Özkök aleyhine kampanyaya dönüşmüştür. Bu gelişmeler üzerine Genelkurmay Başkanlığı tarafından böyle bir beklenti ve talebin asla olmadığı gayet net bir biçimde açıklanmak zorunda kalınmıştır. Enteresandır, Ana muhalefet partisi olan CHP lideri Baykal, "*Keşke öyle bir şey olsa*" diyerek Korkut Özal'ın iddiasına destek vermiştir.

Şemdinli olaylarıyla tekrar gündeme gelen Susurluk benzeri ilişkilerin arkasında ne gibi güçlerin olduğunu, tüm bu olup biten karşısında iktidarların nasıl bir tavır takınması hususundaki görüşlerimi ikinci bölümde dile getirmeye çalışacağım.

İKİNCİ BÖLÜM
TERÖR KISKACINDA TÜRKİYE

Dünyada Terör ve Destekçileri

Faili ya da kurbanı kim olursa olsun sivilleri hedef alan her türlü örgütsel ya da devlet eliyle sivillere karşı uygulanan antidemokratik uygulamayı *terör* olarak değerlendirmek mümkündür. Ne var ki bugün, 20. yüzyılın iki büyük dünya savaşından, Filistin'den Afganistan'a, Bosna'dan Irak'a dünyanın değişik coğrafyalarında sivil kayıpların en fazla verildiği olaylar; sahip olduğu gücü haklı olduğunun aracı ve kanıtı kabul eden başta süper güçler olmak üzere devletler eliyle girişilen savaşlardır. İllegal yaftası taşıyan örgütlerin eylemleri de bu kapsamda değerlendirilmektedir.

Dünyayı yöneten süper güçler ve onların istihbarat örgütleri uluslararası terörü menfaatlerine uygun olduğu her yerde ve her ülkede kullanmaktadırlar. Diledikleri ülkeye diledikleri şekilde doğrudan ya da dolaylı bir biçimde baskı yapabilmektedirler. Eğer çıkarlarına ters düştüğüne inanıyorlarsa darbe veya benzeri legal veya illegal yöntemlerle ülke içerisindeki muhalif ya da radikal unsurları aynı şekilde doğrudan ya da dolaylı yollarla destekleyerek iktidarları değiştirme yoluna gitmektedirler. Eğer bu çalışmalar da iktidar değişimine yol açmazsa terör örgütleri burada devreye sokularak, ülke içinde kaos ve güvensizlik ortamı meydana getirilerek, ülkedeki siyasal düzeni ve iktidarı istedikleri şekle sokmaya çalışmaktadırlar.[60]

---

60 Gizli kapılar arkasında tezgâhlanan bu ve benzeri planlar Texe Marrs'ın İlluminati (TİMAŞ Yayınları) kitabında ayrıntılı bir biçimde ele alınmaktadır.

Birleşmiş Milletler Teşkilatı ve Güvenlik Konseyi'nin bu ve benzeri olaylarda süper güçlere dahi yaptırım uygulaması gerekirken hali hazırda bu güçlerin ellerinde tuttukları veto yetkisi sebebiyle bu, çoğu zaman yapılamamaktadır. Son Irak Savaşı'nda olduğu gibi BM devre dışı bırakılarak on binlerle ifade edilen sayıda sivil katledilebilmektedir. Ne var ki süper güçler çoğu illegal olarak faaliyet gösteren bazı örgütlerin sivillere karşı yaptığı terörleri ellerindeki medya gücünü kullanarak öylesine büyütmektedirler ki, kendi uyguladıkları devlet terörü gündeme bile gelmemektedir. İşin ilginç tarafı, çoğu zaman bu örgütlerin yapacağı eylemleri önceden önleme imkânları olduğu halde süper güçler ve onların istihbarat örgütleri gerekli tedbirleri bilerek almamaktadırlar.

Bazı örgütsel terör olayları, süper güçler tarafından yönlendirilen MEDYA organları tarafından o kadar fazla abartılmaktadır ki kendi yaptıkları devlet terörlerini kolaylıkla halk kitlelerinden gizlemektedirler. Hatta sözde El Kaide terör eylemleri ve Taliban olayında olduğu gibi başta ABD ve diğer büyük devletler *Komünizm* sonrası düşman olarak seçtikleri İslam'ı kolayca lekelemektedirler.

1991 Körfez savaşında ve öncesinde Filistinli radikal örgütlerin düzenlediği terör eylemlerinde masum İsrailli çocukların ve sivillerin öldürülmesinin İslam'a aykırı olduğunu Fethullah Gülen, cami kürsüsünden ifade etmişti. Bu tür sivillere yönelik eylemler Batı Medyası tarafından İslam'ı lekelemek için ısrarla kullanılmaya başlanınca F. Gülen'in radikal ve siyasal İslamcılar tarafından eleştirilen bu tavrı ancak 10 sene sonra, 11 Eylül 2001 saldırıları sonrasında, anlaşılabilmiştir.

Bugün yine aynı medya gücünü kullanan uluslararası desteğe sahip devletler, ABD eski Savunma Bakanı William S. Cohen'in El Kaide ve benzerleri için kullandığı tabirle, "*İslam dışı ama İslamcı(!) örgütler*"[61] yoluyla, genellikle uluslararası istihbarat örgütlerinin ağına düşmüş birçok insanı aldatarak İslam'ın imajını ciddi manada zedelemeye muvaffak olmuşlardır. Geçtiğimiz günlerde ABD'li bir yarbayın itirafı her şeyi gözler önüne sermiştir.[62]

Yine 11 Eylül saldırıları sonrasında dünya medyasının kullandığı "*İslami terör*" tabiri karşısında sivil toplum liderlerinden Fethullah Gülen yaptığı açıklamalarda, bütün dünyaya karşı açıkça, "*Müslüman terörist olamaz, terörist Müslüman değildir*" cümlesini kullandı.[63] İslam'la terörü yan yana getirenlerin maksadının İslam'a saldırı olduğunu açıkça ifade etti. Böyle yaparak İslam dünyasında sivillere yönelik bazı terör eylemlerine sessiz kalan Müslüman âlimlere de çok önemli mesajlar vermiş oldu.

* * *

2005 İngiltere saldırıları sonrasında İslam'la terör kavramlarının ayrışmaya başlanması sevindirici bir gelişmedir. Bunda

---

61 W.S. Cohen, Abluka, TİMAŞ Yayınları, 2005, sf. 241.

62 18 Ağustos 2005 tarihinde Anadolu Ajansı'nın geçtiği haberi aynen buraya alıyorum: "ABD'de bir istihbarat subayı, 11 Eylül terörist saldırılarına ilişkin önceden bilgi sahibi olan bir askeri istihbarat biriminin, elindeki bu bilgileri Federal Soruşturma Bürosu'na (FBI) iletmesine Pentagon'un emrindeki askeri avukatların engel olduğunu ileri sürdü. Amerikan medya kuruluşlarına açıklamalar yapan Yarbay Anthony Shaffer adlı istihbarat subayı, 11 Eylül terörist saldırılarının en bilinen ismi Muhammed Atta'nın yanısıra saldırılara katılan üç teröristin kimliğinin, daha 2000 yılı ortalarında mensubu olduğu gizli askeri istihbarat birimi tarafından belirlendiğini söyledi. Shaffer, askeri istihbarat birimi tarafından bu bilginin FBI'a aktarılmak istendiğini, ancak bunun için FBI ajanlarıyla düzenlenen üç randevunun da askeri avukatlar tarafından engellendiğini savundu. Shaffer'a göre askeri avukatlar, bu bilgilerin yasal olmayan yollarla askeri bir istihbarat birimince elde edildiği yönünde Pentagon'un suçlamaya maruz kalmaması için, birimin FBI ile temas kurmasına izin vermedi. Yarbay Shaffer, bu açıklamaları, mesleğini ve geleceğini tehlikeye atacak olmasına karşın, "artık dayanamadığı" için yaptığını söyledi. Shaffer'ın açıklamalarının ardından Pentagon, yazılı açıklama yaparak, konunun incelendiğini duyurdu."

63 Fethullah Gülen, Terör, Kaynak Yayınları, 2002.

Başbakan Tayyip Erdoğan'ın konu üzerindeki hassasiyetli yaklaşımlarının ve bu konudaki düşüncelerini ısrarla bütün dünya devlet yetkililerine her ortamda ifade etmesinin payı büyüktür.

En son AB ülkelerinin Varşova'da yaptığı toplantıdan İslam'a karşı yapılan eylemlerin -Yahudi karşıtlarına olduğu gibi-cezalandırılması kararı çıkması önemli bir adımdır. Yine Başbakan Tayyip Erdoğan'ın 16 Eylülde BM'de yaptığı konuşmada ifade ettiği ve terörle ilgili açıklamaya girmesini sağladığı "her türlü terör" ifadesi de bu ayrışmaya katkıda bulunmuştur. İslam âlimleri ve aydınlarının bu konuda 15–20 yıldır devam eden kararsızlığı *"İslamcı terör"* iddialarının alevlenmesine ve bütün dünyada İslam'ın yanlış tanınmasına sebebiyet vermiştir. Son yapılan 6. Avrasya İslam Şurası'nda İslam ile terör bağlantısının olmadığı konusunun ele alınması sevindirici bir husustur. Ayrıca başta Mısır, El Ezher âlimleri olmak üzere İslam dünyasında teröre karşı sesler yükselmeye başlaması ve İslam Konferansı Örgütü'nün İslam'ın dünyadaki imajına ciddi zarar veren terör konuları üzerinde İslam âlimleri ile toplantılar yapması olumlu gelişmelerdir.

* * *

İster süper güçlerin doğrudan müdahalesiyle gelen devlet terörü olsun, ister çoğu zaman aynı güçlerin doğrudan ya da perde arkasından desteklediği örgütsel terör olayları olsun, söz konusu savaşın daimi galipleri hep aynı olmuştur: Uluslararası sermaye güçleri, silah tüccarları ve mafyavari örgütlenmeler...

Türkiye'de olduğu gibi PKK ve benzeri silahlı terör eylemleri yapan değişik ülkelerdeki silahlı gruplar da aynı uluslararası silah sanayi kartelleri tarafından finanse edilmektedir. Dolayısıyla tetiği sıkan el kime ait olursa olsun, söz konusu terörden beslenen yine aynı silah sanayi kartelleri olmaktadır. Silah kartelleri sattıklarının tahsilâtını yapabilmek için ülkeler arasındaki kara para trafiğini besleyen uyuşturucu ticareti başta olmak üzere beyaz kadın ticareti, insan ve eşya kaçakçılığı gibi faaliyetler içerisindeki her türlü mafya örgütleri ile dolaylı işbirliği yapmaktadırlar.

Yine süper devletlerin istihbarat örgütleri başta olmak üzere her ülkenin kendi istihbarat teşkilatları ve devlet ile içli dışlı olan çeşitli mafya yapılanmaları kendi çıkarları adına ya da çalıştıkları devletlerin istihbarat servisleri adına terör eylemlerini el altından finanse etmektedirler. Ülkelerde seçilmiş halk yönetimlerini devirerek kendi idealleri uğruna çalışacak darbeci yönetimlerin işbaşına gelmesi için faili meçhul cinayetlerden kitlesel ayaklanmalara her türlü yasadışı faaliyeti gerçekleştirebilmektedirler.

Oligarşi taraftarları, şahsi çıkarlarına ya da gizli cemiyetlerinin emellerine ulaşabilmek için bu tip örgütlenmelerin finanse ettiği ayrılıkçı grupların silah ihtiyacını belli oranda karşılayarak teröre bir şekilde finansörlük yapmaktadırlar.

Bizzat terör örgütlerinin kendi içyapısı ve destekçilerinin ciddi bağışları ile sözde hak arama iddiaları ile sadece örgüt sempatizanlarının değil kimi zaman sıradan halkın da istekli veya zoraki olarak örgütlerine finansörlük yapmaları sağlamaktadırlar. Nitekim PKK bu şekilde eskiye nazaran azalmasına rağmen halen Avrupa ve Türkiye içersinden ciddi maddi destek temin edebilmektedir.

Terörün devamını isteyen çıkar gruplarının ülke içerisindeki ordu, siyaset, emniyet, istihbarat, yargı, eğitim gibi temel kurumlara sızmış çoğunlukla perde arkasından, dolaylı olarak kullandığı unsurların desteğiyle terör döngüsünün devamı sağlanmaktadır. Çoğu kez toplumu terör ortamına itecek uygulamaları bilerek hayata geçirip, iktidarları devirmek için çalışan gizli cemiyet ve grupların mensupları veya sempatizanları kaos ortamına zemin hazırlamaktadırlar.

Buna karşın, güvenlik bahanesiyle iktidarın demokratik açılımlarına karşı çıkan, devlet içindeki kimi üst düzey yetkililer de bilerek veya bilmeyerek antidemokratik kararların alınmasıyla bu döngünün devamına yol açmaktadır.[64] Nitekim iktidarların teröre karşı başarısını ve topluma demokratik hakların verilmesini engelleyen en ciddi sebeplerden birisi toplumun güvenliği bahanesi olagelmiştir. Seçilmişlerin devrilerek atanmışların antidemokratik iktidarlarını destekleyen en önemli etkenlerden birisi de bu gerekçeden hareketle devlet içerisinde görevli olan bazı kişiler tarafından planlanan ve oluşturulan, çoğu yıllar sonra ortaya çıkan Susurluk benzeri gizli yapılanmalardır.

Bu noktada, terör olaylarına lojistik destek verdiği ortaya çıkmış olup, devletin çeşitli kurumlarından değişik zamanlarda atılan insanların sayısının ciddi bir yekûn tuttuğunu göz önüne aldığımız zaman devletin terörü bitirmek için öncelikle içindeki aksaklıkları ciddi bir biçimde kontrol altına alması gerçeği karşımıza çıkmaktadır.

PKK ve Ardındaki Güçler

1991 Körfez savaşı sonrasında 36. paralelin kuzeyinde kalan Kürt gruplarını Saddam'ın zulmünde korumak bahanesiyle kurulan ve İncirlik'te konuşlandırılan Çekiç Güç'ün amacı Körfez Savaşı sonrası, Kuzey Irak'ta yaşayan Kürtleri Saddam rejimine karşı korumaktı. Fakat zamanla Güneydoğu'da konuşlandırılan Çekiç Güç'ün asıl amacının, basında ilk defa Aksiyon'da yayınlanan Genelkurmay'ın belgelerine göre Güneydoğu'da Türk sınırlarının bir bölümü dâhil olmak üzere bir Kürt devleti kurmak olduğu anlaşılacaktı.

64 Antidemokratik uygulamalarla önlenemiyen terör eylemleri sebebiyle ülkelerin emniyet ve askeri güçleri bunlarla mücadelede başarılı olmak için ister istemez silahlanmakta, bu sayede uluslararası silah kartellerinin dolaylı olarak en büyük finansörü durumuna düşmektedirler.

Yine 1991 Körfez savaşı sonrasında İncirlik'te konuşlandırılan Çekiç Güç'ün PKK'nın da değişik yönlerden desteklenmesinde kullanıldığını ortaya çıkarması üzerine Jandarma Genel Komutanı Eşref Bitlis faili meçhul süsü verilen bir uçak kazasında hayatını kaybetti. Sabotaj olayında perde arkasında kalan bazı gizli belgeleri ARMAGEDON adlı kitabında Aydoğan Vatandaş gayet net anlatmaktadır.[65]

Daha önce de genel olarak ifade ettiğimiz gibi son dönemde AB yolunda emin adımlarla yürüyen Türkiye'ye yönelik İsrail ve ABD politikalarında değişimler gözlenmeye başlamıştır. Zira AKP iktidarı ABD ve İsrail'in Büyük Ortadoğu Projesi (BOP) çerçevesinde bölge üzerindeki planlarında, planlananın dışına çıkmaya başlamakta, komşu ülkelere karşı bağımsız politikalar belirleme yolunu tercih etmektedir.[66] Cumhurbaşkanı bile ABD büyükelçisinin açık tavrına karşın Suriye'ye gitmiş, Başbakanın uzun süre randevu vermemesi, ABD elçisinin tepkisini ortaya koymasına sebep olmuş, ABD elçisini süresi dolmadan Washington'a geri çekmiştir.

Bu günlerde, Hamas liderinin İsrail güçlerince düzenlenen bir suikast saldırısında öldürülmesini devlet terörü olarak niteleyerek tepki gösteren Tayyip Erdoğan'ın İsrail Başbakanı Ariel Şaron'un 2004'teki görüşme talebini reddetmesi bu ülkedeki güçlü Yahudi lobilerinde ciddi rahatsızlıklar yaratacaktı.[67] Şüphesiz bu ABD'deki Yahudi lobilerini de harekete geçirecekti. ABD'nin Ortadoğu'da gerçek stratejik ortağı olan İsrail devletinin aleyhine gelişen her duruma karşı güçlü Yahudi lobileri tepkisini hemen göstermekte ve her türlü karşı faaliyeti legal veya

65 Aydoğan Vatandaş, Armagedon, Türkiye-İsrail Savaşı, TİMAŞ Yayınları, sf. 94–102.

66 Bu konuda Mahir Kaynak, Büyük Ortadoğu Projesi adlı kitabında (TİMAŞ Yayınları) ilginç tespitlerde bulunmuktadır.

67 Daha sonra Abdullah Gül ve AKP'li parlamento heyeti İsrail'i ziyaret ederek İsrail ile ilişkiler normale çekilmeye çalışmıştır. En son 16 Eylül'de BM toplantısı sırasında Başbakan Tayyip Erdoğan ile Ariel Şaron arasında Gazze'den çekilme sonrasında bir görüşme gerçekleşecekti.

illegal yollarla hayata geçirebilmektedir. İsrail'e zarar vereceğine inanılan ülkeye karşı dünyada ve ülke içerisinde topyekûn bir mücadele her yönden başlatılmaktadır. Kamuoyu etkilenmekte, iktidarda olan hükümet yıpratılmakta, her türlü terör faaliyetlerine göz yumulmakta ve gerekirse lojistik destekler sağlanmaktadır. Ta ki İsrail aleyhinde meydana gelecek değişikliğin legal veya illegal yollarla sona ermesine kadar.[68]

Bölgede ABD'nin önemli stratejik ortağı olan İsrail'in menfaatleri ile Türkiye'nin menfaatleri sürekli çatıştığı için Türkiye, PKK konusunda çoğu zaman uzlaşma sağlayamamaktadır. Kuzey Irak'ta yapılanan PKK terörü devamlı Türkiye'nin başını ağartmaya devam edecektir.

Yahudi Kürtler Gerçeği

Türk basınında ilk kez Kuzey Irak'ta Yahudi Kürtlerin varlığını kamuoyuna duyuran Aksiyon'un kapak haberinden sonra bu grup üzerine makaleler hatta kitaplar yazılmaya başlandı. Kuzey Irak'ta etkin olan Barzani ailesinin neden güçlü olduğuna, İsrail ile ilişkilerine de haberde yer verildi. Böylece İsrail'in Kuzey Irak'ta neden çok fazla aktif olduğu ve Kürtlerle nasıl bir kan bağı kurduğunu Aksiyon dergisi çok yönlü olarak ortaya koyuyordu. Haberde Mesut Barzani'nin babası Mustafa Barzani'nin kardeşlerinden birisinin Tel Aviv'de haham olarak çalıştığına dair bilgilerde mevcuttu. Ayrıca *Kürdistanlı Yahudiler* kitabında Barzani ailesinin İsrail ile ilişkilerinde rol oynayan aile mensubu Yahudi hahamların K. Irak'ta bile Yahudilik faaliyetlerinde bulunduğu açık bir şekilde anlatılmaktadır.[69]

Kuzey Irak'ta BM kararı olmadığı gerekçesiyle TBMM'nin, ABD'ye savaş öncesi ve sonrası harekât serbestliği tanımaması,

---

68 Aydoğan Vatandaş, age, sf. 29–35.

69 A. Medyalı, Kürdistanlı Yahudiler, Behram Yayınları, sf. 64.

İncirlik üssünün kullanılmasını lojistik destekle sınırlı tutmasına karşın ABD, sadece basın yoluyla AKP hükümetinin pozisyonunu zorlayacak yayınları gündeme getirmekle kalmamış, PKK'yı da AKP iktidarı ve Türkiye'yi dize getirmek için kullanmaya çalışmıştır.

Ecevit döneminde ABD'nin Abdullah Öcalan'ı Kenya'da yakalayıp elimize belli şartlarla verdiği ve Öcalan'ın İmralı adasında rahat bir şekilde yaşadığı ortadadır. Abdullah Öcalan derin devlet elemanlarının gizli desteği ile maalesef bizim askeri yetkililerimiz tarafından "*görülmüştür*" mührü vurulan mektuplarla emirler verebilmektedir. Örneğin, Irak'ta Barzani kontrolünde bulunan Kandil dağında, koruma altındaki PKK kampı örgüt elemanlarına savaşa başlama talimatı verebilmiştir.[70] Neticede, Kuzey Irak'ta savaş sonrasında oluşan otorite boşluğundan yararlanan PKK her türlü lojistik desteği bularak Mart 2005'ten itibaren ABD yapımı C–4 plastik patlayıcıları Kuzey Irak'tan Türkiye'ye sokarak bombalama ve terör olaylarına girişmiştir. ABD yönetimi, K. Irak'ta bulunan PKK ve ülke içinde meydana gelen değişik kaynaklı terör olaylarının yayılmasına sessiz kalmış ve Türk İstihbarat birimlerinden yeterli teknik desteği esirgemiştir. Öyle görünüyor ki Türkiye, PKK'nın terör eylemlerini durdurmak için ABD'nin ve İsrail'in desteğine adeta muhtaç hale getirilmek istenmektedir.

PKK Terörünün İç Destekçileri Kimler?

ABD'nin Kenya'da elimize paketleyerek verdiği daha sonra anlaşılan ve Türkiye'de iktidarın büyük başarısı olarak lanse edilen ve seçim kampanyalarında çok da iyi kullanılan Apo'nun

---

70 Aksiyon dergisinde Kürt aydını Ümit Fırat tarafından dile getirilen bu açıklama hakkında ne bir yalanlama ne de herhangi bir açıklama yapılmamıştır. Üstüne üstlük, Barzani'nin basın sözcüsü APO'nun İmralı'da cep telefonu bile kullandığını iddia etmiştir.

yakalanma hadisesi aslında Türkiye'ye geliş amacını uçakta MİT mensubunun ne anlama geldiğini aslında çok tartışmamız gereken ama pekte tartışılmayan "*Ülkene hoş geldin!*" sözleri üzerine Apo, "*Eğer fırsat verilirse ülkeme hizmet etmek istiyorum*" sözleri ile gayet net açıklamıştır. Ama bu konuşmaların manası o günlerde pek anlaşılamamıştı. HAK-PAR başkanı Abdülmelik Fırat, Abdullah Öcalan'ın derin devletin emrinde olduğunu Vakit Gazetesi'ne verdiği röportajda şu şekilde iddia edecekti: "*Abdullah Öcalan'ı İmralı'da misafir edenler eylemlerini Öcalan eliyle yürütüyor. Tutuklu bir insan PKK gibi bir örgütü nasıl idare edebilir? Bu imkânı Öcalan'a derin devlet veriyor. PKK bu güçlerin kuklasıdır. PKK maraba rolünü üstleniyor*" (...) "*Çok açık ve net bir şekilde söylüyorum: PKK'yı Gladio bağlantılı derin devlet tahrik ediyor. Türkiye'nin AB'ye girmesini engellemek için çatışmaları körüklemek istiyorlar. PKK, derin devletten aldığı emirle HADEP Genel Başkan Yardımcısı Hikmet Fidan cinayetini işledi. Kürt aydınları hem PKK'dan, hem de devletten korktuğu için kişiliksizleşti. Türkiye'de kendini demokrat olarak görenler dahi bazı meselelerin üzerine cesaretle gidemiyor. Bölge halkının büyük çoğunluğu Fidan cinayetinin PKK tarafından yapıldığını biliyor ve bu cinayeti benimsemiyor.*" Aynı röportajda PKK ile derin devletin münasebetlerine de dikkat çeken Fırat, Hizbullah örneğinde görüldüğü gibi istenildiği takdirde PKK'nın da "24 saat içinde" ortadan kaldırılabileceğini söylemiş ve şunları ilave etmiştir: "*Ama PKK'nın bitmesi onların işine gelmez. PKK derin güçlerin işine geliyor.*"

1970'li yıllarda Türkiye İşçi Partisi'nin Mehmet Ali Aybar'ın kontrolünden çıktığı günlerle eş zamanlı olarak bu hareketten uzaklaşarak daha ırk temelli bir yapıya bürünen PKK, 12 Eylül döneminde Kürt meselesini sırtlayarak, ağalık ve şeyhlik düzenlerinin çeşitli müdahalelerle etkisini kaybetmesine rağmen devletin dolduramadığı bu boşluğu iddialara göre önceleri derin devletin kontrolünde, daha sonraları ise kontrolden çıkarak başta CIA olmak üzere uluslararası güçlerin kontrol ve himayesinde dolduracak konuma gelecektir. Şüphesiz burada tüm olup biteni sadece bu tür uluslararası güç oyunlarına yıkmak meselenin önemli bir boyutunun gözden kaçmasına sebep olacaktır. 1984 yılında ilk silahlı eylemini yapan PKK'nın kullandığı psikolojik argümanların bir kısmı bizzat 12 Eylül döneminde Diyarbakır cezaevinde yapılan kötü muamelelerden beslenecekti.

1990'lara gelindiğinde yukarıda da yer verilen iddiayla paralel olarak, PKK'nın devlet güçleri ile içli dışlı ilişkilerini tespit eden Uğur Mumcu elde ettiği yeni bilgiler ışığında PKK mevzuunda "tavşana kaç, tazıya tut taktiği" uygulandığını görmüştü. Mumcu kitabında PKK ile devletin kimi derin(!) güçleri, Mossad, CIA ve ASALA arasındaki ilişkileri kaleme alma konusundaki ısrarını canıyla ödeyecekti.[71] Suikast sonrası eşinin adıyla kurulan UMAG Vakfı'nın da kurucusu olan Güldal Mumcu Hanım dönemin Emniyet Genel Müdürü Mehmet Ağar tarafından kabul edildiğinde aralarında geçen konuşmada Ağar'dan bu olayın aydınlatılmasına kimsenin cesaret edemeyeceği cevabıyla karşılaşacaktır.

Nitekim Türkiye Büyük Millet Meclisi'nde Uğur Mumcu cinayetinin açığa kavuşturulması için Komisyon Başkanı Ersönmez Yarbay'ın başlattığı soruşturmadan da herhangi bir sonuç elde edilememiştir. Çarpıcı olan, raporda açıkça kimi kamu görevlilerinin olayı örtbas etme girişimlerinden, evrakların tutulmasından delillerin toplanmasına kadar bir dizi gerçeğe yer verilmiştir.

71 Uğur Mumcu'nun bilgisayarına, dolayısıyla hazırladığı kitap çalışmasına el konulmuş, Uğur Mumcu Vakfı'nın bu kitabın Abdullah Öcalan'la alakalı 100 sayfalık bölümünü yayınlamasına karşın, bu çalışmayla ilgili gerçek bilgi ve belgeler tam olarak ortaya çıkarılamamıştır. Bu konuyla alakalı olarak Aydoğan Vatandaş'ın Armagedon adlı çalışmasının 103 ve 104. sayfalarına bakılabilir.

Bütün bu ve buna benzer gelişmeler 1993 yılında olurken Uğur Mumcu yaptığı gerçekçi tespitler sonrasında C-4 ile suikasta maruz kalmıştı. Geçtiğimiz günlerde Emin Çölaşan üst düzey bir yetkilinin PKK ve Apo hakkında yaptığı itirafları ele aldığı "Acı Gerçek" başlıklı köşe yazısında anlatmaktadır.[72]

Son gelişmelere dönecek olursak, ne olmuştu da Aksiyon dergisinin iddialarına göre 1998 yılının ortalarında Türkiyelileşme politikasına ağırlık vererek Meclis'e girmeyi planlayan APO ve terör örgütü PKK, Öcalan'ın yakalanmasından sonra dozajını düşürdüğü şiddet politikasına yeniden dönme yolunu seçecekti? Bir yandan güvenlik kuvvetlerine saldırılıyor, diğer yandan turistik bölgelerde ve büyük şehirlerde sivilleri de hedef alan bombalama olayları baş gösteriyordu. İşin daha ilginci, PKK'nın şehirlerde meydana gelen, sivil halka yönelik bombalama eylemlerini reddetmesiydi. O halde açıkça provokatif amaçlı olan bu tür bombalamaları kimler gerçekleştiriyordu? Bu tartışmalar sürerken PKK için en az bu eylemler kadar dramatik olan şey, daha önce DEHAP çizgisinde politika yaparken, PKK'yı eleştirerek şiddetsiz yeni bir siyaset arayışına giren Hikmet Fidan'ın

---

72 "Abdullah Öcalan, örgütünü avukatları aracılığı ile İmralı'dan nasıl yönetiyor? Bu rezalete kimler, niçin göz yumuyor? Kafamdaki bu soruları devletin bu konuda en üst düzeyde yetkililerinden birine sordum. Verdiği içten ve samimi yanıt şöyle: "Biz daha önce bu adama göz yumduk ve kendisini kullandık. Çünkü ölümden korkuyordu. Son derece evhamlı ve korkak biri. Bizim telkin ve teşviklerimizle İmralı'da devletten yana mesajlar veriyordu. Örneğin sınırlarımız içerisindeki PKK'lıları bir süre Kuzey Irak'a çektirdi. Fakat olaylar öylesine gelişti ki, adam kontrolden çıktı. Palazlandı, moral kazandı. Mesajlarını özgürce verebildiğini anlayınca yön değiştirdi. Şimdi ensemizdeki AB baskısıyla hiçbir şey yapamıyoruz. Ayrıca bu konuda devletin ilgili birimleri arasında büyük bir boşluk ve iletişim kopukluğu var. Sizin yazdıklarınız tümüyle doğru. Kimse ne yapılacağını bilmiyor ve ilgili makamlar -hepimiz- olanı biteni seyretmekle yetiniyoruz. Durum ne yazık ki böyle."
Öcalan'ın İmralı'dan verdiği gazla, Güneydoğu'da her gün şehitler veriyoruz. Sıra vali konaklarının basılmasına geldi! Ve net sonuç: Bu konuda ne yapılması gerektiği, hükümet tarafından bilinmiyor. Ya da biliniyor ama AB korkusundan sessiz kalınıyor. Her ikisinin utancı da Türkiye Cumhuriyeti'ne ait! Yazıklar olsun."
Emin Çölaşan, Hürriyet, 19.05.2005.

öldürülmesi oldu. Bu olayla PKK'nın moral yenilgisi, kendi sempatizanları nezdinde dahi tamamlanmış oluyordu. Tabiatıyla PKK, yeniden şiddet politikasına girerken bir hesap yapmıştı. Bu hesap ilk olarak saflarındaki, en son Osman Öcalan'ın ayrılışıyla artan kayıpları engellemek düşüncesine dayanıyordu. İkincisi ise Türkiye'yi, AB sürecinde ilerleyişinden alıkoyarak, PKK için zorlaşan çevre şartlarını yeniden eskiye döndürme hesabıydı.

Serbesti Dergisi yazarı Kürt aydını Ümit Fırat, Milliyet'te Derya Sazak'a verdiği röportajda açık bir biçimde Türkiye'nin AB'ye açılımının önünü kesmek için şiddet ortamına ihtiyaç duyulduğunu belirterek şunları ekliyordu: *"Bunlar 'derin devlet'in işine gelir. Bu savaşı isteyenler deşifre oluyor. Hem PKK cephesinde hem derin devlette..."*

Aynı doğrultuda, HAK-PAR Partisi Genel Başkanı A.Melik Fırat da artan PKK eylemleri sonrasında eylül başında yaptığı açıklama ile illegal bir örgüt olan PKK'nın Kürt sorununu çözmek istemediğini, sadece şiddet kullanarak ülkeyi kaosa soktuğunu ve PKK'nın derin devlet taraftarlarının bir ürünü olduğunu, asla Kürtleri temsil etmediğini kamuoyu önünde deklere ediyordu. Aynı gün Ankara'da 150 kadar Kürt aydınının, sorunun çözülmesi için Başbakan'ın beyanatına ve sorunu çözme çabalarına destek vereceklerini açıklamaları, 25 yıldır pek yapılamayan açıklamaların yapılması PKK'nın Kürtler arasında taban kaybettiğinin açık belirtileri karşısında yeniden gündeme gelmek için şiddete yöneldiğini göstermektedir.

Ne yazık ki, vahim olan, örgütün son çırpınışları olduğu anlaşılan bu ve benzeri terör olaylarının iki grupta toplanan iç güçler tarafından destek bulmasıdır. Bunlardan ilki, AKP iktidarını zora sokarak Türkiye'yi ABD ve İsrail üçgenine doğru getirmek isteyen medyada etkin bir kısım aydın yazarçizer takımıdır ki, yayınlarıyla toplumda huzursuzluk ortamının gelişmesine sebep olmaktadır. İkinci gruba gelince, bunlar da iktidara zarar verecek her şeye müsamaha ile yaklaşarak faili meçhul cinayetleri planlayan, dış istihbarat güçlerinin etkisi altındaki, derin devlet hevesli yerel istihbarat örgütlerinin kimi unsurlarıdır. Bu çalışmalarıyla ülkede kaos ortamının oluşturulması temel hedefleridir.

İstemediği iktidarları devirmek için bir sürü devlet içi yapılanmalardan bir tanesinin de Ergenekon olduğu iddiasını Haftalık Aksiyon dergisi *GİZLİ ÖRGÜT ERGENEKON* başlığı ile kamuoyuna duyurdu. Meşruiyetini kendinden alan ve halktan kopuk bir suç organizasyonu olan Ergenekon'u tüm boyutlarıyla ifşa etti. Laikçi-oligarşik zihniyet sahibi ve derin devlet heveslisi, kendilerini devletin gerçek sahibi gibi görenlerin ve millet iradesini dikkate almayanları ifşa etti. Sadece faşist devletlerde yer alabilecek komploları ele alan dosya da olayların perde arkası devlet içinde yuvalanmış illegal güçleri gözler önüne serdi.

Son dönemde meydana gelen provokatif eylemlerin derin devlet heveslilerinin işine yaradığını açıklayan Ecevit'in toplumu sağduyulu olmaya çağırması ve eski bir başbakan olarak olayların perde arkasında devlet içinde bazı görevlilerin yer aldığını ima etmesi manidardı. Getirilmek istenen noktada, AKP'nin önünde ya şiddete şiddetle cevap verip demokratik hakları daha önceki dönemlerde olduğu gibi hazırlanacak TMK gibi antidemokratik yasalarla halkın elinden almak ya da içte ve dışta PKK terör silahını kullananlara karşı daha demokratik bir Türkiye meydana getirerek ülkenin önünü açmayı başarmak durmaktadır.

AKP iktidarı başta ekonomi ve dış politika olmak üzere yaptığı atılımlara rağmen acil eylem planı içersine başlangıçta almadığı Kürt Sorunu meselesini son 6 ayda gelişen ciddi terör eylemleri tırmandırılması ve çeşitli illerde sergilenmek istenen halkı birbirine düşürme tezgâhlarının ciddiyetini ve bu olayların arka planını (Mersin'de bayrak yakma krizi ve Trabzon'da bildiri dağıtma, APO'ya destek mitingleri, tahrik olayları vs) ve Şemdinli olayları sonrasında geç de olsa fark etmiş gibi görünüyor.

Başbakan Tayyip Erdoğan, ülkede bazı aydınlarla görüşerek teröre gerekçe yapılan her türlü bataklık ortamını ortadan kaldırılması hedefiyle, Diyarbakır gezisi vesilesiyle adını ilk defa net olarak ortaya koyduğu Kürt Sorunu'nda devletin geçmişte yapılan hataları telafi edecek tedbirleri alarak demokratik açılımları arttıracağını açıkladı. Bu çerçevede siyasal açılımların yanı sıra halkın ekonomik olarak da rahatlaması için Doğu ve Güneydoğu Anadolu'da işsizlik meselesinin üstüne gidileceğinin de altını çizdi.

Türk ve Kürt aydınlarının PKK terör örgütünün tehditlerine rağmen, cesaretle Kürt Sorunu'nun demokratik yollarla çözülmesi hususunda gösterdikleri kararlılığı, Alman akademisyen Heinz Kramer'in eserinde Türkiye'nin geleceğini ipotek altına almak için yapılmak istenen oyunlara artık gelinilmeyeceğinin ümidi şeklinde yansımaktaydı.[73]

Şurası açıktır ki, sorunun çözümünde artık, "rıza" olmadan, "ikna" olmadan eski politikaların uygulanması mümkün değildir. Bu, PKK açısından da böyledir. PKK, suları tersine akıtamayacağına göre, vaktiyle kitlesel desteğe sahip olan örgütlerin inat ettiklerinde başlarına ne geldiyse, PKK'nın da başına o gelecektir: Toplumdan tecrit olma ve marjinalleşme. Bu noktada sivil idareye ve kamuoyuna düşen ise şiddeti bahane ederek, sivil idareyi yeniden vesayetleri altına almak isteyenlere teslim olmamaktır.

Geçmişte terör bahanesiyle ülkede devamlı demokrasi ve insan hakları askıya alındığında olanlar hatırlanmalıdır. Kamuoyunda ciddi tartışılan TMK benzeri antidemokratik değişiklikler yapılarak olağanüstü hal uygulamaları ile ülkenin bir bölümü kaos ortamına yeniden sokulursa ne AB ile müzakerelerin sağlıklı yürümesi mümkün olacaktır ne de AKP, AB yolunda elde ettiği

73 Heinz Kramer, Değişen Türkiye, TİMAŞ Yayınları, sf. 91.

kamuoyu desteğini arkasında bulabilecektir. Bu durumda AKP'yi bekleyense Mayıs 2007'de yapılacak cumhurbaşkanlığı seçimleri öncesi 2006 Ekim veya Kasım ayında erken seçime gitmek zorunda bırakılmak olacaktır.

Pkk Teröründen Kimler Menfaat Sağlıyor? Kimler Zarar Görüyor?

Daha öncede ifade ettiğimiz gibi 12 Eylül'ün ürünü olan Anayasa ile ülke 25 yıl boyunca bir türlü tam demokratik bir zemine kavuşturulamamıştır. Özal'ın iki dönem başbakanlığının (1983–1989) akabinde cumhurbaşkanı olduğu (1989–1993) dönemlerde sağlanan din ve vicdan hürriyeti, teşebbüs hürriyeti ve ekonomik kazanımlara karşın, bölücü PKK terörü bahanesiyle işlenen faili meçhul cinayetler bir türlü aydınlatılamamıştır. Teröre kurban verilen binlerce şehidin toplum vicdanını yaralamasından faydalanarak hükümranlıklarını devam ettiren kimi devlet içinde, kimiyse medya ve siyaset dünyasında ya da ekonomide yer eden oligarşi taraftarları bu kez toplumu içine sürükledikleri 28 Şubat süreciyle daha önce kazanılan bütün dini ve demokratik hakların geri alınarak 1940'lı yıllardaki İnönü döneminin laikçi-seküler cumhuriyet modelinin yeniden tesis edilmesine çalıştılar. Bu dönemde ülkeyi yöneten sivil idareler, hükümetler terör ve irtica bahaneleri ile sıkıştırıldı, devletle uyum içerisinde olan cemaat ve gruplar bile tehdit unsuru olarak topluma lanse edildi.[74]

---

74 Yurt içi ve yurtdışında göğsümüzü kabartan başta eğitim olmak üzere bütün çalışmalarını ülkesi için, legal demokratik zeminlerde gerçekleştiren hoşgörü ve diyalog insanı Fethullah Gülen ve cemaatinin bile nasıl tehdit unsuru olarak gösterildiğini Heinz Kramer, Değişen Türkiye kitabında anlatmaktadır (sf. 105–109). Haziran 1999'da, TV ve gazetelerden 10 gün boyunca yayınlanan iftiraların ardından hakkında DGM tarafından açtırılan tek kişilik Çete davası (!) 3 yıl sürecekti. Montajlanmış kasetlerle yürütülen iftira furyası ile Türkiye'de gerçeklerin nasıl ters yüz edildiğini, Eğitim gibi en masum hareketlerin bile laikçi oligarşi taraftarlarınca devleti ele geçirme iddiası ile suçlandığını hep birlikte gördük.

Tabii bu arada yüksek faizler sebebiyle terör için harcanan yaklaşık 100 milyar dolar ile yapılacak ülke kalkınması engellendi, batık bankalar vasıtasıyla çalınan 47 milyar dolar teminat garantisi gereği hazineye yük olarak binince, 150–200 milyar dolarlık borçlanmalarla laikçi cumhuriyet hayranları bazı medya, siyaset ve ticaret erbabı ülkeyi soyup soğana çevirdi. Bütün bunlar olurken halkın olup biteni anlamasını engellenmek için medya ve bazı devlet güçleri işbirliğine giderek hayali irtica senaryoları üretip, dindar kitleler toplumdan hızla soyutlandırılmaya çalışıldı. Her ne kadar bu dönemde hâkim güçlerin tehdit sıralamasında ikinci sıraya düşmüşse de, PKK ve bölücülük iddiası, Kürt vatandaşların potansiyel suçlu havası ile dışlanmalarına sebep olmuş, Doğu ve Güneydoğu Anadolu'da yürütülen 'düşük yoğunluklu' savaş ortamında hak ve özgürlükler ortamı(!) 10–15 yıl önceki dönemleri mumla aratır hale getirilmeye çalışılmıştır. Türkiye üzerinde iç ve dış destekli çok iyi bir psikolojik harp uygulanmış, Türk milleti mefluç hale getirilmiştir.

Bu terör ortamından doğrudan kimlerin *yararlandığını* özetle saymak gerekirse:

A- Esrar, eroin, silah ve değişik kaçakçılık mallarının transferi sırasında rüşvetle beslenen, çoğunluğu sınırlarda ve civar illerde görevli kimi devlet görevlileri;

B- Terörle mücadele gereği alımı yapılan her türlü silah ve lojistik malzeme alımlarından rüşvet olarak yüzde komisyonlar aldığı iddia edilen rüşvetçi yetkililer[75];

C- Terör bölgelerinde bulunan ve terör örgütleri ile içli dışlı olan bölgenin çok çeşitli yerel güç odakları;[76]

D- Devletten aldıkları korucu maaşları ile geçinmelerine karşın PKK, mafya ve devlet görevlileri arasında ikili oynayan bölgede korucu olan kimi aşiretler;[77]

---

75 Heinz Kramer, sf. 8.

76 Heinz Kramer, sf. 82.

77 Heinz Kramer, sf. 88–89.

E- Devlete güvensizlik sonucu ekonominin bozulması ile yüksek faiz, repo, döviz ortamından geçinen yüksek sermaye ve çevrelerindeki çalışmadan geçinmeye alışmış kimi menfaatçi kişi ve gruplar.

Terör ortamından dolaylı olarak yararlananları ele aldığımız zaman ilginç sonuçlar ortaya çıkmaktadır. O kadar çok faili meçhul cinayet toplumun gözü önünde işlenir hale gelmiştir ki; Türkiye'nin en seri katili: "FAİL-İ MEÇHUL" unvanını almaya hak kazanmıştır. Evet, Muammer Aksoy, Bahriye Üçok ve Uğur Mumcu öldürülüyor, adres: FAİL-İ MEÇHUL. Çetin Emeç, Mehmet Ali Kışlalı, son olarak Necip Hablemitoğlu vuruluyor. Adres: yine FAİL-İ MEÇHUL. Fail-i meçhul ise tam bir sır, hem de "devlet sırrı(!)". Çöz çözebilirsen. Ama o konuda da bir fikir birliği var: II. Dünya Savaşı sırasında CIA tarafından Avrupa'da komünizmi önlemek adına kurulan ve ilk defa 1990 yılında İtalya'da ortaya çıkan "Gladio".

Benzeri örgütlerin NATO üyesi bütün ülkelerde var olduğu anlaşılmıştır. Ama bir tek Türkiye'deki ismi kamuoyuna açıklanmamıştır. Bu ülkelerin hepsinde tasfiye edilen örgüt bir tek Türkiye'de faaliyetine devam etmiştir. Bir iddiaya göre ise 3 Kasım 1996'da meydana gelen Susurluk kazası ve akabinde gelişmelerle bu örgütün yani Gladio'nun sağ kanadı tasfiye edilmiş ama sol kanadı hâlâ faaliyetlerine devam etmektedir. İddialara bakılırsa 28 Şubat sürecinde irtica paranoyaları ile dine ve dini değerlere karşı yürütülen saldırıları Gladio'nun sol tandanslı, laikçi oligarşik kanadı yürütmüştür. Hatta Refahyol iktidarına karşı yapılan postmodern darbenin mimarlarının da bu sol-Gladio'ya mensup, bir dizi BÇG mensubunun olduğu ileri sürülmüştür. Bu şekilde meydana gelen 28 Şubat sürecinin kaos ortamından şahsi çıkar ve menfaatlerini ön planda tutan bir sürü karanlık çevre istifade etmiştir. Ali Çimen ve Hakan Yılmaz'ın *Komplo Teorileri* adlı kitabında bu konu ayrıntılı bir biçimde ele alınmıştır.[78]

---

78 Ali Çimen-Hakan Yılmaz, Komplo Teorileri, TİMAŞ Yayınları, sf. 175- 205.

Saymaya devam ettiğimiz takdirde sayfaları dolduracak küçüklü büyüklü çıkar çevrelerinin, terör ve hayali irtica yaygaralarının meydana getirdiği kaos ortamından nasıl yararlandığı gözler önündedir. Peki ya zarar görenler?

Tabii bu arada yüksek faizler sebebiyle terör için harcanan paralar ülke kalkınmasını engellemiş ve batık bankalar vasıtasıyla çalınan 47 milyar dolar teminat garantisi gereği hazineye yük olarak binince 150–200 milyar dolarlık borçlanmalarla oligarşi hayranları ülke hazinesini bitirmişlerdir. Böylece devlet en büyük zararı görmüştür.

Bütün bunlar olurken halkın olup biteni anlaması engellemek için siyaset, medya ve bazı derin devlet güçleri işbirliğine gittiler. Hayali irtica senaryoları üretilmiş dindar halk mağdur edilmiştir. Bölücülük iddiası ile bütün Kürt vatandaşlar potansiyel suçlu havası ile dışlanmıştır. Doğu ve Güneydoğu'da düşük yoğunluklu bir savaş uygulanarak milletin hak araması 10 yıl gerilere götürülmüştür. Türkiye üzerinde iç ve dış destekli çok iyi bir psikolojik harp taktikleri uygulanarak millet ne yapacağını bilemez hale getirilmiştir. Milletçe büyük maddi ve manevi zararlara maruz kalınmıştır. Prof. Dr. Nevzat Tarhan'ın yazdığı *Psikolojik Savaş/Gri Propaganda* kitabında milletimize karşı uygulanan bu taktikler çok net anlatılmaktadır.[79]

1980'lerin ikinci yarısıyla birlikte tezgâhlanan bu terör sahnesinde *kaybedenler* hanesinde yer alanları yine maddeler haline sayacak olursak:

A- Öncelikle kasası boşaltılan, enerjisi tüketilerek dünyadaki hak ettiği yerin çok gerisine düşürülen Türkiye Cumhuriyeti en büyük zararı görmektedir.

B- Topyekûn devlet ve millet olarak maddi ve manevi olarak büyük zararlara uğranılmıştır.

---

79 Nevzat Tarhan, Psikolojik Savaş, Gri Propaganda, TİMAŞ Yayınları, 2005.

C- Evladını askere gönderen veya güvenlik güçlerinde çalışan ve terör sebebiyle şehit edilen insanların geride bıraktığı aileleri mağduriyetlerle karşı karşıya kalmaktadırlar.

D- Devlet ve uygulamalarına kızıp PKK peşinden giden insanlar, hem kendi canından olmuş; hem de geride gözü yaşlı anne-babalar bırakmıştır.

E- Terör bahanesiyle esirgenen demokrasi, insan hak ve özgürlükleri bütün bir milletin mağduriyetine yol açmaktadır.

F- Hiç bir siyasi kaygı gütmeden, sadece dinini yaşamak isteyen dindar halk kitleleri irtica yaygaraları sebebiyle en tabi haklarını bile kullanmakta zorlanmaktadır. Başörtüsü problemi yüzünden on binlerce genç kızımız okullarından ayrılmak zorunda bırakılmaktadır.

Laikçi Cumhuriyet-Laik Cumhuriyet Sarkacında Süregelen 55 Yıllık Gizli Mücadele

Demokrat Parti'nin iktidara geldiği 1950 yılından bu yana 55 yıldır devam eden gizli mücadelede Türkiye adeta bir sarkaç misali bir sağa bir sola sallanıp durmuştur. Halkın iradesiyle iktidara taşıdığı hükümetlerin gerek ekonomik sahada gerekse demokratik hak ve özgürlükler sahasındaki atılımları her seferinde gidişattan memnun olmayan bazı oligarşik asker, bürokrat ve sivil çevrelerin çizdikleri laikçi cumhuriyet rotasına doğru askeri vesayet altına sokularak akim bırakılmış, ülkede laik ve demokratik sistem bir türlü kurulamamıştır.

TBMM tam bağımsız çalışamamakta, siyasi partiler lider oligarşisi ile yönetilmektedir. İktidarlar darbe ve muhtıra ile devrilmektedir. Devrilmeyenler ise oligarşik derin devlet özlemcileri tarafından çeşitli legal ve illegal yöntemlerle baskı altına alınmaktadır. Darbe ürünü anayasalar bir türlü ülkede demokrasinin gelmesine izin vermemektedir. Oligarşi taraftarı birileri(!) iktidarı asla bırakmamaktadır.

50'li yıllarda vatan cephesi-halkçı cephe olarak başlayan ve 1965'te sağ-sol olarak ortaya çıkan toplumdaki ayrışmalar, 27 Mayıs darbesi ile Menderes ve arkadaşlarının asılması ve kurucu meclis tarafından yapılan yeni Anayasa ile çok net bir yapıya bürünmüştür. 1961, 65 ve 69 seçimlerinde oy kullanan halkımız, bütün bu gelişmelere rağmen CHP zihniyetine fırsat vermeyince 10 yıllık süreçte sol ve sağ kavgaları şiddetlendirilmiş, üniversitelerde öğrenci olayları silahlı mücadeleye dönüştürülmüştür.

Bu durum 1970'lerde sağ-sol kavgalarına ve anarşiye sebebiyet vermiş sol ve devrimci aydınlar desteğinde ordu içinde darbe cuntaları oluşturulmuştur. 9 Mart'ta yapılması planlanan sosyalist devrimci askeri muhtıra önlenerek oligarşinin istediği şekilde 12 Mart 1971 muhtırası ile derin yaralar alan demokrasiye bir kere daha ara verilmiştir. Deniz Gezmiş ve arkadaşlarının idamı ile toplum sağ ve sol olarak aşırı uçlar ve halkımız sindirilmeye çalışılmıştır.

1974–1977 ve 1979 seçimlerinde yine halkımız siyasi tercihlerinde oligarşik zihniyete vize vermeyince, 12 Eylül 1980'e kadar sağ ve sol kavgaları artarak devam ettirilmiş; aralarında anlaşamayan ve cumhurbaşkanını bir türlü seçemeyen siyasi liderler yüzünden ülkeyi sağlıklı şekilde yönetmek mümkün olamaz hale getirilmiştir.

Ülkede demokrasi, insan hakları, din ve vicdan özgürlükleri hiçbir zaman tam anlamıyla geliştirilememiştir. 12 Eylül'de haddi aştıklarından dolayı(!) aşırı sağ ve solda vuruşanlar başta olmak üzere, milletçe baskı ve zulümlerin çoğaldığı demokrasinin askıya alındığı siyasi partilerin kapatıldığı bir döneme daha tekrar girilmiş oldu.

Türkiye'nin içerden mücadele ile demokratik yapıya getirilemeyeceğini gören Özal, 1960'dan beri üye olma yolunda olunan, iki üç kez fırsat yakalandığı halde değerlendirilmeyen (*1976 ve 1980 darbe öncesi ve sonrasında*) AB'ye 1987 yılında tam üyelik başvurusunu yaparak anayasa kanun ve uygulamaları daha demokratik yapıya çekmeye çalışmıştır. Cumhuriyet tarihinde ilk defa bir başbakan daha sonra cumhurbaşkanı olarak Özal, açıkça bürokrasi, oligarşi ve askeri vesayet ifade eden uygulamalara tavır almıştır. Demirel ve Adnan Menderes bu şekilde açık bir tepki koyamamışlardır.

Halka hiçbir zaman güvenmeyen darbe ve muhtıra heveslisi, oligarşik laikçi bütün kesimler ülkede devamlı çatışma sebebi olacak kavramlarla toplumu gererek, kurulu düzenlerinin bozulmaması için her türlü provokatif eylemi destekleyerek, demokratik bir Türkiye'nin hep önünü tıkamışlardır.

Halka rağmen ülkeyi antidemokratik şartlarda yönetmeyi kendisine hedef seçen oligarşi taraftarı atanmış kadrolar ve sivil uzantıları toplumu suçlamak için belirsizlik ortamından yaralanmaktadır. Özellikle inançlı ve şuurlu halk kitlelerine baskı yapacağı kavramları kanunlarda net belirlemeyerek istediği zaman halka her türlü baskıyı yapma vasıtası olan kavramları ısrarla belirsiz bırakmaktadır. Halka karşı medyayı da kullanarak psikolojik taktikleri toplum mühendisleri desteği ile uygulamaktadırlar. Bülent Korucu, Zaman Gazetesi'nde bu girişimleri şu satırlarla yorumlamaktadır: "*Ülke olarak ne zaman iki yakamız bir araya gelecek gibi olsa, kendimizi bütün dengeleri altüst eden kaosların ortasında buluyoruz. Kendi halimize bırakılmıyor, eli sopalı birilerinin adam etme girişimleri ile karşılaşıyoruz. Toplum mühendisleri belirli periyotlarla bize 'format' atıyor (...)Üst düzey bürokratlardan kebapçılara uzanan cadı avı, eğitim sisteminin, yüz binlerce mağdur doğuran bir öğütme makinesine dönüşmesi ve siyasi tasfiye girişimi olarak hafızalara kazınan 28 Şubat, iddia edildiği gibi bin yıl sürmedi. Şimdilerde toplum mühendisleri ve onların taşeron müteahhitleri işbaşı yapmış görünüyor. Avrupa Birliği sürecinin de hızlandırdığı demokratikleşme çabalarının zararları(!) bir bir gözümüze sokuluyor. Suçlanan kim olursa olsun, teşhis hep aynı: Bu kadar özgürlük ve demokrasi fazla...*'[80]

80 Bülent Korucu, Zaman Gazetesi, 17.09.2005.

Bu konuda özellikle 28 Şubat sürecinde milletimizin dini inanç ve değerlerine karşı bölücülük, irtica ve türban ve benzer kavramlar üzerinden uygulanan psikolojik taktikleri Prof Dr. Nevzat Tarhan "Psikolojik Savaş" kitabında tüm ayrıntıları ile anlatmaktadır.[81]

Bugün Türkiye'de hâlâ irticanın tanımı yapılmadığı için 28 Şubat döneminde olduğu gibi dini yaşamak isteyen insanlar kolayca devlet kurumlarından atılmakta ve özellikle başörtülü kız öğrenciler Üniversitelerde okuyamamaktadır. Bu konuda kitap yazan Tuncer Çetinkaya kitabında özellikle Orta öğretim kurumlarında yaşananların hikâyesini *En Uzun Şubat* isimli kitabında çok ilginç trajik anekdotlarla anlatmaktadır. 55 yıldır oynanan oyunun içinde derin devlette yer alan Toplum mühendisliği yapan oligarşi taraftarlarını tarif ediyordu. [82]

Böylece anlamı tam bilinemeyen mesela dindar çevrelerin tamamını suçlamak için çok rahat kullanılan *irtica* kavramı ile toplumun büyük bir kesimi baskı altına alınabilmektedir. *Başörtüsü* isim değiştirerek, sözde siyasi simge ifadesi olarak tanımlanan *türban* ile özleştirilerek kamu alanına ve üniversitelere kızların gitmesi engellenmiştir. Toplumda bu uygulamalar ciddi rahatsızlıklara sebebiyet vermiştir. Sanki Türkiye'de siyasi simge taşımak yasakmış imajı verilerek, "Aslında dini simge taşımak yasaktır" demeye çalışmışlardır. Buna karşı hiç kimse, "Türban takmak siyasi olsa ne olur, siyaset yapmak veya siyasi simge taşımak yasak mıdır?" sorusunu soramamıştır.

Yine ülkede bölücü terör lafızları ile Kürt vatandaşlarımızın tamamı töhmet ve baskı altına alınarak, 25 yıldır en tabii haklarını terör bahanesiyle kullanmalarına izin verilmemiştir. Ülkemizin bir bölümü olağanüstü hallerden uzun yıllar kurtulamamıştır. Antidemokratik laikçi oligarşik bir cumhuriyetin devamı

---

81 Nevzat Tarhan, Psikolojik Savaş, Gri Propaganda, TİMAŞ Yayınları, 2005.

82 Tuncer Çetinkaya, En Uzun Şubat, Kaynak Yayınları, 2005.

için bu tür manası tam anlaşılmayan, toplum mühendislerinin ürünü kavramlar toplumun önünde "Demokles'in Kılıcı" gibi tutulmaktadır.

Bunun en güzel örneği; kanunsuz bir şekilde oluşturulan Batı Çalışma Grubu'nun (BÇG) faaliyetleri ile yönlendirilerek resmi bir hüviyet verilen istihbarat biriminin ordudaki personel hakkında çıkarılan ve daha sonra ordunun bütün birimlerine yayılan genelgelerdir. Adına *irtica* denen genelgelerdeki tanımlamalar ve çizilen çerçeveler göz önünde bulundurulduğunda aslında İslam dini ve değerlerini hedef alan ve bunları yaşayanları ordudan tasfiye amacı taşıdığını ve toplumun o dönemde nasıl bir irtica paranoyasına sokulmak istendiğini görmekteyiz.

Daha sonra, BÇG içindeki ekiplerin ve bütün bunları planlayanların ordu içinde örgütlenen, din karşıtı gizli bir cunta olduğunu deşifre eden, tertiplenmek istenen planları 28 Şubat sürecinde, "Açıkladıklarımız devlet sırrı değil, gizli cuntacıların sırrıdır" diyerek deşifre eden Hasan Celal Güzel hapse atılacaktır. Bir dizi yargılamanın ardından bir süre hapiste kalan Güzel, beraat edecektir.[83]

Aynı şekilde Güven Erkaya'nın Deniz Kuvvetleri Komutanı olduğu dönemde BÇG adlı illegal yapılanma Ankara Deniz Kuvvetleri'ne taşınmış ve darbe hazırlığı içinde oldukları, Onbaşı Sarumsak'ın içinde olduğu Emniyet İstihbaratı'nın başındaki Bülent Orakoğlu'nun yönettiği "köstebek" operasyonuyla ortaya çıkarılmış; MGK'nın toplantısında Refahyol hükümetinin İçişleri Bakanı Meral Akşener tarafından açıklanmıştır. Ne var ki, Genelkurmay bu gizli darbe veya cunta olayını çözmek yerine askeriye içerisindeki bu yapılanmayı öğrenmek için dahi olsa emniyetin telefonlarını izinsiz dinlediğini gerekçe göstererek Bülent Orakoğlu'nu askeri mahkemede yargılamıştır. Bü-

---

83 Hasan Celal Güzel'in başına gelenlerle ilgili bazı ayrıntılı bilgiler Aydoğan Vatandaş'ın Armagedon adlı kitabında da mevcuttur. Bkz, age sf. 129.

lent Orakoğlu başına gelenleri *DEŞİFRE* isimli kitapta anlatmaktadır.[84]

28 Şubat sürecinden 2005'e gelindiğinde, Başbakanın karşı atağı yüzünden 45 gün silahlara veda demek zorunda kalan PKK'nın büyük şehirlerdeki taraftarlarının yeniden tahrik edilmeye başlandığını görmekteyiz. Türkiye'nin her yerinde provokasyonlar tezgâhlanmış, 3 Ekim müzakere tarihi öncesi suyu bulandırmak için gizli(!) güçler ellerinden gelen her yolu denemişlerdir. 55 yıldır bu şekilde iktidarını halka rağmen yürütmeye muvaffak olan laikçi oligarşik çevreler, tezgahlanan oyunlarını yıllardır aynı şekilde ve küçük versiyon değişiklikleri ile önümüze getirmektedirler.

Aynı oyunların yeniden tezgâhlanmaya başlanması karşısında medyada ve devlet yetkililerinde başta Cumhurbaşkanı, Genelkurmay Başkanı ve Başbakan olmak üzere devletin zirvesinden topluma sağduyulu davranma mesajlarının birbiri ardına gelmesi ümit verici bir durumdur. AB yolunda ciddi hamleler yapan Türkiye'nin önünün kesilmesine bu sefer fırsat verilmemelidir. Geçmişte nice gürültü patırtı koparılan Hizbullah'a ilişkin Hava Kuvvetleri Komutanı Orgeneral Faruk Cömert'in geçtiğimiz Eylül ayında yaptığı, "Devletin Hizbullah'ı kullanmasının yanlışlığı konusunda valiyi uyarmıştım" açıklaması ile MHP Genel Başkanı Devlet Bahçeli'nin Zaman'a verdiği röportajda, biri asker emeklisi diğeri sivil emekli bir bürokratın ülkücüleri sokağa çekmek için parti ve ülkücü teşkilatlarda ciddi faaliyet gösterdiğini açıklaması, birbirinden bağımsız gibi görünse de AB ile müzakerelere başlamış Türkiye'deki dengelerin hassaslığını ortaya koymaktadır.

Bu noktada AKP iktidarı demokratik açılımları hız kesmeden süratle gerçekleştirerek AB yolundaki demokratik Türkiye

---

84 Bülent Orakoğlu, Deşifre, TİMAŞ Yayınları.

Cumhuriyeti'ni milletçe ve başta askeriye olmak üzere devletin bütün birimlerini arkasına alarak bu sefer tesis etmek zorundadır. Aksi takdirde 2007'de AKP'nin seçtiği bir cumhurbaşkanı bu ülkede olamayacaktır. Demokratikleşmede başarılı olamayan, iç ve dış güçlerin PKK Terörü ve sözde irtica(!) geliyor oyununa gelen AKP iktidarı mecbur kalarak yapılacak olası erken seçimlerle çok güç kaybedecektir. AB yolu kapanan Türkiye bir kere daha üçüncü dünya ülkeleri arasına düşecektir.

AKP iktidarının demokratik yapıyı kurmasında başarılı olacağını düşünen Hüseyin Gülerce 29 Temmuz 2005 tarihli Zaman Gazetesi'ndeki köşe yazısında özetle şu düşüncelerini kaleme almaktadır: "*Bütün anayasal kurumlar ve medya, sivilleşme iradesine katılmadan Ak Parti iktidarının siyasetin normalleşmesini sağlaması beklenemez. AB üyelik sürecinin estireceği destekleyici rüzgârların ise Avrupa'nın kendi içindeki anayasa tartışmaları ve terör belası yüzünden gecikeceği de düşünülürse, Türkiye'nin yine dar bir geçide doğru sürüklendiği söylenebilir. Bir 28 Şubat badiresine düşmemek için Ak Parti'nin yüreğine taş basarak, ama ülkenin geleceğini düşünerek gösterdiği teyakkuz, sorumluluk ve basiret şüphesiz çelikten bir irade gerektiriyor (...) AKP, asırlık bir ideolojinin gittikçe ağırlaşan yükünü koskoca bir ülkenin sırtından kaldırmaya çalışırken aynı zamanda İslam'ın demokrasi ile bir meselesinin olmadığını göstererek terörden bunalan Batı dünyasına tam da yerinde ve çok değerli bir çağrı da yapmaktadır. Kim bilir, bir kader denk noktasında AKP tarihî bir rol de üstlenmiş olabilir...*"

Laik, demokratik bir Türkiye özleyen milletin de arzusu budur. AB üyeliğine giden süreçte Anayasa ve yasalardaki anti-demokratik hükümleri çağın gerekleriyle uyumlu, Türk halkının hak ettiği yönde değiştirerek Ankara'daki oligarşinin yetkilerini yerel yönetimlere aktarabilen bir AKP, büyüyen Türkiye'nin şansı olacaktır.

Kısacası bütün bunlardan sonra topyekûn bir milletin fertlerine düşen sadece hükümetlerle oligarşik ve askeri vesayet altında terörle mücadele adı altında ülke tekrar laikçi cumhuriyete mi dönüşecek? Yoksa hep birlikte fertler ve sivil toplum örgütleri olarak elimizdeki bütün imkânlarımızı milletçe birer mum yakarak ortalığı aydınlatarak laik ve demokratik bir Türkiye'yi oluşturmak için gayret etmemiz gerektiğini anlayıp her türlü müspet faaliyeti ve hareketi başlatmalıyız.

Sadece devletten ve hükümetten beklemeden sosyal kültürel ve eğitimli ve nesiller yetiştirmenin hepimizin görevi olduğunu idrak etmeliyiz. Sahipsiz kalmış sokaklarda gasp için çeteler tarafından kullanılan bu genç nesillere sahip çıkmanın çok önemli olduğunu toplum olarak anlamalıyız. 21. yüzyıla giren Türkiye hâlâ demokratikleşme sancıları çekiyorsa hepimize düşen bir vazife ve sorumluluk olduğu bilinci ile sahip çıkmalıyız.

Kitabımızın bir sonraki bölümünde demokratik laik Türkiye'ye giden yolda yapılması elzem olan adımların altını çizmeye çalışacağız.

ÜÇÜNCÜ BÖLÜM
DEMOKRAT, LAİK TÜRKİYE YOLUNDA ACİL EYLEM PLANLARI

AB ile Müzakerelere Başlamak Çözüm İçin Yeterli mi?

AKP'nin Türkiye adına AB ile 3 Ekim'de müzakerelere başlaması terör belasının çözümü için psikolojik bir ilk destek olarak görülebilir. AB yolunda önümüze şart olarak konulan yasal değişikliklerin yerine getirilmesiyle birlikte ülke insanının demokratik haklara kavuşması, terörün beslendiği birçok zemini de kurutacağından şüphesiz bu aynı zamanda PKK terör örgütünün de bu süreci engellemek için elinden geleni yapmaya çalışacağı manasına gelmektedir. Böylesi bir durumun içinde barındırdığı en önemli tehlikelerden birisi de Türkiye'nin demokrasi macerasında oligarşik çevrelerin her dönemde amaçlarına alet etmekten çekinmediği Türk ordusu ile iktidarların bir kez daha karşı karşıya getirilme ihtimalidir.

Nitekim son aylarda ülkede demokratik bir şekilde yürütülmeye çalışılan terörle mücadeleye karşı demokrasiyi içine sindirememiş, şiddet yanlısı yetkililer medyayı kullanarak başta bazı askerler olmak üzere güvenlik ve istihbarat birimlerinin işlerinin aksadığını iddia edebilmektedirler. Eski günlere dönme özlemindeki kimi oligarşik yönetim özlemcileri terörün bu yüzden hortladığını ileri sürmekteler.

AB sürecinde Terörle Mücadele Kanunu'nda yapılması düşünülen değişikliklerin teröre zemin hazırladığı, teröristlerin rahatça hareket ettiği, buna karşın güvenlik güçlerinin elinin kolunun bağlandığı havası hemen ulusalcı çevreler, muhalefet ve özellikle emekli olan bazı komutanların ifadeleriyle kamuoyunda estirilerek yeni bir Terörle Mücadele Kanunu'nu hazırlatmak için düğmeye basıldı. Genelkurmay Başkanı Hilmi Özkök C-4 bombalı suikastlarla şehit cenazelerinin artmaya başladığı bir zamanda kısıtlanan yetkilere rağmen terörle mücadelede büyük bir özveri ile çalıştıklarını kamuoyu ile paylaştı. Olağanüstü Hal'in bile yeniden gündeme getirildiği günlerde estirilmek istenen havaya karşın, *"20 yıldır Olağanüstü Hal vardı da neyi çözdü"* diyerek tepkisini ortaya koyan Adalet Bakanı Cemil Çiçek bütün kurumlardan görüşlerin istendiğini varsa aksaklıkların demokrasi içerisinde yapılacak kanun değişiklikleriyle halledileceğini söyledi.

Askeriyeyi yeniden şiddet ortamına çekmeye çalışanlar, geçtiğimiz 20 yılda her türlü yetki ile donatılmış güvenlik güçleri ve devlet görevlilerinin terörü önlemeye çalışırken zorunlu göçlerle yurtlarından edilen bölge halkının yaşadığı acılarla toplumda nasıl bir yaranın meydana gelmesine sebebiyet verildiğini görmezden gelmektedirler. İçişleri Bakanı Abdulkadir Aksu, *"Terörden zarar gören 360 bin kişinin 127 bin tanesinin geri döndürüldüğünü ve halkın zararlarının karşılanmaya başlandığını ve bunda başarı sağlandığı"* açıklaması geçmişte yapılan hataların vahametini gözler önüne sermektedir.

AB süreci içerisinde Türkiye'nin önünde fırsatları tepmemek için devlet kurumlarından, sivil toplum örgütlerine ve toplumun tüm bireylerine büyük vazifeler düşmektedir. Kitabımızın bu bölümünde söz konusu kesimlerin tümünü kapsayacak bir biçimde yapılması gerekenleri kaleme almamızın sebebi söz konusu reformların devletin bütün birimlerinin, iktidarı, muhalefeti, Sivil Toplum Kuruluşları, yargı organları, üniversiteleri, askeriyesi ve Cumhurbaşkanlığı ile tam bir mutabakat içerisinde gerçekleştirilmesi ile yapılması gereken değişimlerdir. Aksi takdirde siyasi iktidarın tek başına bırakıldığı bir ortamda Türkiye kolaylıkla malum güçlerin elinde terör, kaos ve kargaşa ortamına sürüklenme tehlikesiyle karşı karşıya kalacaktır. Her ne kadar bu reformlar için gerekli zihniyet değişimlerini gerçekleştirmek hiç de kolay olmasa da, ancak böyle bir konsensüsle Türkiye belki de tahmin edilenden daha da kısa bir süre içerisinde AB hedefine ulaşacaktır.

AB Sürecindeki İktidarlara Düşen Görevler

1. Askeriyenin tek yetkili olduğu terörle mücadele güç paylaşımına gidilmeli.

80'lerin ilk yarısında patlak veren PKK/terör olaylarına karşı 13 ilde ilan edilen ve 2001 yılına kadar devam eden, geniş yetkilerle donatılmış Olağanüstü Hal Valiliği ve bu çerçevede sürdürülen uygulamalar, askeriyeyi kanunların verdiği yetkiler çerçevesinde teröre karşı silahlı mücadelenin tek aktörü haline getirmiştir.

Ayrıca Jandarma Kanunu gereği şehir ve ilçe merkezleri dışındaki mücavir alanlarda güvenlik görevi yapması sebebiyle teröre karşı eğitilmemiş, 18 ay askerlik görevi gereği jandarma olarak yapan Mehmetçiğin teröristler karşısında kolayca tuzağa düşürülüp çok sayıda şehit verilmesine sebep olmaktadır. Bu sefer dağlık alanlarda bulunan teröristlere karşı operasyon yapmak gerektiğinde Kara Kuvvetleri Komutanlığı ve Hava Kuvvetleri devreye girmekte, ülke içinde düşük yoğunluklu bir savaş ortamı oluşmaktadır. Böylece jandarmadaki iki başlılık önlenmiş ve normal askeri birliklerin teröre karşı kullanılmasına ve çok sayıda şehit verilmesine son verilmiş olacaktır.

Ayrıca, bu durumda bölge halkı ister istemez teröristle asker arasında kalmaktadır. Dış güçlere karşı ülke sınırlarını ve halkını savunması gereken askeri birlikler ülke içinde teröre karşı direkt güç olarak kullanılınca bölge insanına potansiyel terörist gözüyle bakabilmekte, bunun karşılığında bölge halkında da kolaylıkla askeri güçlere ya da bütünüyle askeriyeye karşı bir nefret duygusu uyanmaktadır. Şüphesiz bu dağdaki teröristlerin eleman bulma potansiyelini de arttırmaktadır. Bunu gören PKK askeri güçleri sürekli olarak karşısına çekerek ülkedeki demokratik zeminin de kayganlaşmasını beklemektedir.

Bu durumda yapılması gereken şey, Özal döneminde terörün şehirlere inmesiyle birlikte jandarmanın görev alanına girmeyen illerde polis teşkilat içerisinde "Polis Özel Harekât Timleri" oluşturulması örneğinde olduğu gibi[85] askeriye iç terör olaylarının ilk ve tek muhatabı olarak kullanılmaktan vazgeçilmelidir.[86]

Bunun için öncelikli yapılması gereken Jandarma teşkilatının yeniden yapılandırılmasıdır. Bugün hâlâ Jandarma Komutanlığı iki başlı bir konumda bulunmaktadır. Kadro ve bütçe gibi hususlarda İçişleri Bakanlığı'na karşı sorumlu olmasına karşın emir komuta zinciri dolayısıyla Genelkurmay Başkanlığı'na bağlı olarak vazifesini sürdürmektedir. Bu nedenle Jandarmadaki iki başlılığa son vermek için "Jandarma Kanunu" yeniden ele alınarak iç terör ve güvenlik için emekli komando askerlerden oluşturulacak İçişleri Bakanlığı bünyesindeki sivil jandarma kuvvetlerinin, sınır güvenliği ise Genelkurmay Başkanlığı'na bağlı Askeri jandarma kuvvetlerinin görev sahası içerisinde bırakılmalıdır.

---

85 Doğan Güreş'in Genelkurmay Başkanlığı döneminde paralel bir yapılanmayla Özel Kuvvetler Komutanlığı bünyesinde subaylardan oluşan A-terör timi ile astsubaylardan oluşan B-terör timleri oluşturularak Güneydoğu'da terörle mücadeleye karşı etkin bir mücadele başlatılmıştır.

86 Şüphesiz yukarıda da belirttiğimiz gibi askeriye için bu konum tabiri caizse varlık sebebi olarak kabul edilen gayet doğal ve de vazgeçilmez bir durum olarak kabul edilmektedir. Nitekim Adalet Bakanlığı'nda DHKP-C'li terörist Eyüp Kayar'ın suikast girişiminin hemen sonrasında MİT ve Polis istihbaratı ile Polis özel harekât timlerinin şehirlerde gerçekleşebilecek terör olaylarında yetkili olmalarına karşın, Başbakan Tayyip Erdoğan'ın Genelkurmay'a davet edilerek teröre karşı yapılması gerekenler konusunda gizli bir brifing verilmesi çok dikkat çekicidir.

Birincisi emekli askerlerden oluşan, İçişleri Bakanlığı'na tam bağlı sözleşmeli ve kadrolu emekli subay ve astsubaylar ile askerliğini komando olarak yapmış er ve erbaşlardan belli bir eğitimden geçirilerek alınan uzmanlardan oluşan mücavir alanlarda vazife yapacak maaşlı profesyonel bir jandarma kuvveti olacaktır. Bunun için AB içindeki Belçika modeli örnek alınabilir. Bu kuvvetler içerisinden gerekli her türlü silah ve araç gereç ile takviye edilerek, teröre karşı kullanılacak özel komando timleri de oluşturulmalıdır. Böylece İçişleri Bakanlığı'na her yönden tam bağlı, kaymakamların ve valilerin tam denetimine girecek olan bu sivil jandarma yapısı AB müktesebatına uyum içinde çok iyi bir çözüm olacaktır.

Bu sayede ordudan genç yaşta emekli olmuş tecrübeli, subay ve astsubaylar ile askerliğini komando olarak yapmış çavuş, onbaşı ve erler için kadrolu veya sözleşmeli uzman olarak iş ve çalışma imkânı doğacaktır. Ayrıca yarı sivil olmanın verdiği avantajla kırsal bölgede yaşayan halk ile daha fazla diyalog ve işbirliğine girmenin sonucu olarak terör olaylarına bölge halkının olası desteğinin oluşmasını sağlayan şartların da önü kesilebilecektir.

İkinci grup ise her yönden tamamıyla Jandarma Genel Komutanlığı'na, dolayısıyla Genelkurmay Başkanlığı'na bağlı olan ve ülke sınırlarını dışardan gelecek her türlü terörist oluşumlara ya da organize suç örgütlerine karşı koruyacak, sınır bölgesinde belirlenen alanlarda ciddi denetim ve kontrol vazifesi yapacak, özel eğitilmiş ve her türlü modern araç gereç ile donatılmış sınır muhafızları olarak görev yapacak askeri jandarma teşkilatı olacaktır.

Belirlenen sınır bölgesi içinde kalan köy ve mücavir alanların askeri jandarmanın denetiminde olmasıyla sınırlarımızın güvenliği her açıdan sağlanmış olacaktır. Gümrüklerde bu jandarmanın da denetim ve kontrol yetkisi olmalıdır ki ülkeye dışardan girecek her türlü illegal şeyler engelleyebilsin. Eğer ülkeye hâlâ C–4 bombaları, teröristler ve kaçakçılar rahatça girebiliyorsa birileri o zaman bunun hesabını vermelidir.

İçişleri Bakanlığı bünyesinde oluşturulan özel harekât timleri ile mücavir alanda görev yapacak sivil jandarma birlikleri içerisinde oluşturulan özel jandarma komando timleri teröristlere karşı mücadele etmelidirler. Özellikle sivil jandarma sayesinde mücavir alan da yaşayan halkımız Milli Şef İnönü döneminde halk arasında sıkça duyulan "*jandarma dipçiği ve tahsilâtçı zulmü*" iddiaları yüzünden asker ve devlete karşı oluşan menfi hava bir nebze yumuşatılmış olacaktır. Hem de teröre karşı normal polis ve asker kullanılmayacağı için hedef ve kurban olmaları da ve şehit anaların yüreklerinin yanması azaltılmış olacaktır.

Buna ilaveten atılması gereken bir diğer adım Özal döneminde kurulmuş olan, fakat Mustafa Kalemli'nin İçişleri Bakanlığı döneminde etkisiz hale getirilen Polis Özel Harekât Timleri'nin yeniden teröre karşı il ve ilçelerde iş başına getirilmesidir.

Böylece Jandarmadaki iki başlılık önlenmiş ve normal askeri birliklerin teröre karşı kullanılmasına ve çok sayıda şehit verilmesine son verilmiş olacaktır. Teröre karşı İçişleri Bakanlığı'na bağlı sivil jandarmadan oluşan özel komando timleri ve Polis bünyesinde bulunan özel polis harekât timleri kullanılmalıdır. Sivil Jandarma Komutanı ile aynı statüde olacak olan Emniyet Genel Müdürlüğü'ne bağlı bu teröre karşı Polis Özel harekât timleri ve bahsi geçen sivil jandarma birlikleriyle Başbakanlık bünyesinde oluşturulan TMGK ve Güvenli Zirvesi altında oluşturulacak olan Güvenlik Genel Müdürlüğü bünyesinde kurulacak ortak bilgi bankasından faydalanarak teröre karşı çok etkin bir mücadele yapılabilecektir.

Halkın oyları ile gelmiş iktidarların bu konuda özellikle MİT ve iç istihbarat, emniyet ve güvenlik birimleri arasındaki her türlü işbirliği ve koordinasyona çok ehemmiyet vermelidir. Başbakanlık bünyesinde en azından Genel Müdürlük seviyesinde

Başbakanlık Güvenlik Kurulunun alt birimi şeklinde güvenlik koordinasyon birimi ve bilgi bankası mutlaka kurulmalıdır.

Gerekli durumlarda bütün emniyet ve istihbarat birimleri bu bilgi bankasından yeterli seviyede faydalanarak her türlü terör, anarşik olay ve suçlulara daha çabuk ulaşacaktır. Aksi takdirde bırakın terör ve kaosu önlemeyi, geçmişte yaşanan birimler arası iç çekişmeler yüzünden başbakanların yapılacak darbelerden bile haberi olamayacaktır. Başbakanlık bünyesinde bu koordinasyon ve bilgi bankası kurulmadığı takdirde İktidarların muktedir olmaları mümkün değildir.

2. Milli Güvenlik Siyaset Belgesi'nde Türk milleti kamplara ayrılarak, potansiyel suçlu muamelesine tabii tutulmaktan vazgeçilmelidir.

Türk milleti, MGSB ya da gizli kırmızı kitapçık gibi belgelerle ya da Batı Çalışma Grubu gibi yapılanmalarla; bölücü, terörist sempatizanı, Alevi, Sünni, ırkçı veya dinci örgüt mensubu, tarikatçı gibi kamplara bölünerek, neredeyse tümü potansiyel suçlu olarak gösterilip devletiyle karşı karşıya getirilmekten kurtarılmalıdır.

Ülke içindeki her türlü sivil toplum hareketini ya da özel teşebbüsler tarafından vücuda getirilen vakıf, dernek ya da şirketlerin çalışmalarını, irticai ya da dinci gibi sıfatlarla potansiyel suçlu olarak göstermeye çalışan belgeler düzenleyerek, devletin istihbarat faaliyetlerini bu samimi ve ülke için yararlı işler yapan insanların takibine harcama yanlışının önüne geçilmelidir.

Ne yazık ki 15 yıl üst düzey gazete yöneticiliği yapmış birisi olarak karşıma çıkan, fakat gizlilik zırhı içerisinde bir türlü açığa çıkarılamayan nice belgeden gördüğüm kadarıyla bu ülkede laikçi ve Atatürkçü olarak ortada gezinenlerden başka hiç kimse potansiyel suçlu olmaktan kurtulamamaktadır. Bu kimse Cumhurbaşkanı ya da Başbakan olsa bile.

Yeni dönemde çerçevesi çizilecek MGSB bu bakış açısından arındırılarak ülkemizde faaliyet yapan bütün sivil toplum örgütleri ve kuruluşlar şiddete yönelmediği ve ülkeyi bölmeye yönelik bir çalışma içine girmediği sürece potansiyel tehlike gözüyle bakılmaktan kurtarılmalıdır. Bu bağlamda çevre ülkeler de potansiyel düşman olarak görülmekten vazgeçilerek, dostluklar, ticari ve kültürel bağlar kurulmaya çalışılmalıdır.

3. 12 Eylül döneminin bakiyesi yasalar acilen demokratik yapıyla uyumlu hale getirilmelidir.

AB ile müzakerelere başlamış bir Türkiye vakit geçirmeksizin 12 Eylül döneminin kalıntıları antidemokratik yasalardan kurtulmalıdır. Bunlar içerisinde üç yıldır bir kaç defa gündeme geldiği halde bir türlü değiştirilemeyen YÖK kanunu gibi netameli yasalarda bulunmaktadır.

4. YÖK Kanunu

Aslında her kesimin rahatsız olduğu YÖK Genel Kurulunun aşırı icra yetkisi ve üyelerinin seçim usulü gibi temel hususlar ile tercih edilecek yerler ve katsayı meseleleri Üniversitelerarası Rektörler Kurulu ile MEB'i ortak kararına bırakılsaydı YÖK kanunun çıkmasını sağlayacak ve Üniversitelerin antidemokratik yapısı değişmiş olacaktı. Bu sayede YÖK sadece özerk, modern üniversiteler arasında bir Koordinasyon Kurulu vazifesi görerek, öğrenci ve öğretim üyelerinin kılık kıyafeti gibi şekli mevzularla mesaisini ziyan etmeyen, bilimsel araştırmalara değer veren, bu vazifesiyle Türkiye'nin uluslararası toplum nezdinde prestijinin artmasına katkıda bulunan bir kurum haline getirilecekti. Ne yazık ki, bugün YÖK kanunu AKP iktidarının 3 yıldır altından kalkamadığı bir problem olarak durmaktadır.

5. Siyasi Partiler ve Seçim Kanunu

55 yıldır devam eden çok partili siyasi hayatın ülkemize demokratik bir yapıyı getirememesinin en önemli sebeplerden olan siyasi yapımızı şekillendiren, Seçim Kanunu ya da Siyasi Partiler Kanunu gibi yasalar mutlaka demokratik bir yapıya kavuşturulmalıdır.

23 Nisan 1920 de kurulan Atatürk'ün beraber çalıştığı Kurucu Meclis ülkenin her yanından halkın oy vererek bir seçim olmamasına rağmen o günün şartlarında bölge halkının itibar ettiği eşraf arasından belirlenmiş ve Ankara'ya bağımsızlık mücadelesini yapmak üzere gönderilmiş bir gerçek bağımsızlık meclisidir. 1950 yılına kadar oluşan diğer meclisler Atatürk ve İnönü ile CHP kurmayları tarafından belirlenerek vazife yapmışlardır. 1950'den bugünümüze kadarsa seçimler parti liderlerinin ve kurmaylarının belirlediği isimlerin halkoyuna sunularak demokratik bir hava verilen temsillerden öte geçememektedir. Bu yapı içerisinde milletvekilleri ise onay verme makinesi olarak görülmüştür. Meclisin siyasal iktidarlar, siyasal iktidarların ise MGK vasıtasıyla askerler tarafından denetlendiği laikçi-oligarşik cumhuriyet askeri darbe ve muhtıraların desteğinde 55 yıldır devam ettirilmektedir.

AKP Türkiye'nin geleceğinin önünü açmak ve AB yolunda, kuvvetler ayrılığı ilkesine tam bağlı, demokratik bir ülke olmak için Meclis rant kapısı ve seçmenlerin gözünde iş bulma kapısı olmaktan çıkarmalıdır. Yüzde 10 seçim baraj sebebiyle temsilde adaleti zedeleyen, antidemokratik birçok husus ihtiva eden seçim kanunu ele alınarak milletvekili adaylarının parti başkanının değil delegelerin kararına göre belirlendiği, halkın tercihli oy hakkını kullanarak partisinin ya da liderinin menfaatlerini değil ülke menfaatlerini ön planda tutan vekillerini seçtiği, milletvekili adaylarının Parti Başkanı değil delegelerin kararına göre belirlenmesi ve halkın bu listelere tercihli oy kullanma hakkının verilerek dar bölge sistemine göre tam bağımsız bir meclisin yolunu açacak bir şekle kavuşturulmalıdır. Bu noktada Başbakanın ortaya attığı, temsilde adaletsizliği ortadan kaldıracak 100 Türkiye milletvekilliği fikri üzerinde de ciddi bir biçimde çalışılmalıdır.

Bunların yanı sıra siyasi partilerdeki başkan oligarşisini ortadan kaldırmak için başkanlık görevi iki ya da üç dönemle sınırlandırılmalı, parti yetkili kurulları asıl güç sahibi haline getirilmelidir. Aksi takdirde küçük olsun benim olsun mantığıyla sürdürülen lider oligarşileri altında özlediğimiz demokrasiye asla kavuşamayacak, laikçi cumhuriyet özlemcileri devamlı surette halka rağmen gerçek iktidarı ellerinde tutma devam edeceklerdir.

Bu değişiklikler mutlaka Kasım 2007 seçimlerinde uygulamaya yetiştirilecek biçimde yapılmalıdır. Fakat bunlarla birlikte yapılması gereken bir diğer önemli değişiklik de partilerin seçim öncesi ittifaklarının yolunun açılmasıdır. Meclisteki partilerin hükümet için koalisyon kurmasına izin verilirken seçimler sırasında ittifaklar kurulmasına izin verilmemesi Türk demokrasisinin en önemli eksikliklerindendir.

6. MİT Kanunu

MGK Genel Sekreterliği gibi 12 Eylül ürünü olan MİT Kanunu da AKP iktidarı tarafından halen ele alınmış değildir. 55 yıldır ilk yıllarındaki adıyla MAH döneminden günümüze kadar MİT başkanları genelde kadrolu asker olmaları sebebiyle askeri cunta faaliyetleri ve darbe teşebbüslerinin varlığından haberdar oldukları halde siyasal iktidara bunu bildirme zahmetinde bulunmamışlardır. 12 Eylül döneminde yapılan değişikliklerle Başbakanlık Makamına değil, sadece Başbakan'a bağlanması sonrasında MİT Meclis denetiminden de kurtulmuştur.[87] Bu anti-de-

87 Örneğin, bu yüzden Susurluk olayında MİT Müsteşarı Teoman Koman'ın ifadesi bile alınamamıştır.

mokratik içyapısının demokratik esaslara uygun bir biçimde düzenlemesinin yanı sıra son dönemde artan terör olayları bir takım yeni düzenlemeleri de zaruri kılmaktadır. MİT esas görevi olan dış istihbarata yönelmelidir.

Son günlerde artmaya başlayan terör eylemlerine karşı her birimden istihbarat ve güvenlik görevlilerinin birlikte çalışacağı Başbakanlık bünyesinde Başbakana bağlı olarak kurulan TMGK ve Güvenlik Kurulu alt birimi olarak Başbakanlığa bağlı İstihbarat İletişim Genel Müdürlüğü oluşturulmalıdır. Bu birim içerisinde ülke içinde varolan bütün legal istihbarat birimlerinin elindeki bilgilerin toplanacağı ortak bir istihbarat havuzu oluşturulmalıdır. Ancak bu sayede terör ya da geçmişte yaşanan anti-demokratik girişimlere karşı ortak tavır alınabilecektir.

Gerekli durumlarda bütün emniyet ve istihbarat birimleri bu bilgi bankasından yeterli seviyede faydalanarak her türlü terör, anarşik olay ve suçlulara daha çabuk ulaşacaktır. Aksi takdirde bırakın terör ve kaosu önlemeyi, geçmişte yaşanan birimler arası iç çekişmeler yüzünden başbakanların yapılacak darbelerden bile haberi olamayacaktır. Başbakanlık bünyesinde bu koordinasyon ve bilgi bankası kurulmadığı takdirde İktidarların muktedir olmaları mümkün değildir.

7. Sendikalar ve Dernekler Kanunu

12 Eylül ürünü olan Sendikalar ve Dernekler Kanunu daha demokratik hale getirilmeli, şiddet içermeyen ve toplum ahlakına aykırı olmayan her türlü düşünceye ve harekete örgütlenme hakkı verilmelidir.

8. Yargı denetimine açılması gereken kişi ve kurumlar hakkında gerekli yasal düzenlemeler yapılmalıdır.

HSYK kanununda yer alan HSYK kararları yargı denetimine açılmalı ve Anayasanın 125. maddesi kapsamına yapılacak düzenlemeyle Cumhurbaşkanı alacağı kararlardan sorumlu tutulmalıdır. Aynı doğrultuda tüm boyutlarıyla Askeri Şura kararları Yüksek Askeri Yargı'nın denetimine tabi tutulmalıdır. Askeri disiplin ve hiyerarşini bozulmaması için Yüksek Askeri Şura'da alınan terfi, atama ve kadrosuzluktan emeklilik kararları Yüksek Askeri Yargı'da 20 gün içerisinde incelenerek sonuca bağlanmalıdır ki 30 Ağustos'ta son durum netlik kazanabilsin.

9. **Ordunun general kadrolarının sayısı arttırılmalıdır.**

Türk Ordusunun kadrolarındaki yığılmalara dikkat ettiğimiz zaman 20 yıl ve daha fazla orduda hizmet veren ve tecrübesinin zirvesine çıkan albay ve kurmay albayların general kadrolarının çok sınırlı olması sebebiyle 50 yaşına gelmeden emekli olmak zorunda kaldığı görülmektedir. Hâlbuki kurmay albay olan bir ordu mensubu tüm başarılarına rağmen sadece kadro yetersizliği sebebiyle devletine ve milletine en verimli olacağı zamanda ordudan genç yaşta emekli edilmektedir.

Yüksek Askeri Yargı'da ve GATA'da korgeneral ve orgeneral kadroları dahi yoktur. Ordudaki general kadroları 312 sayısından en az 500'e çıkartılmalıdır. Kurmay olmuş bir albayın devlete en verimli olacağı ve tecrübelerinden en üst seviyede faydalanılacak yaşa geldiği zaman sadece kadro yetersizliği bahanesi ile albaylıktan emeklilik uygulaması azaltılmalı, tam verimli çağında ordudan ayrılmak zorunda kalan, başta kurmay albaylar olmak üzere, silahlı kuvvetler mensuplarına daha fazla hizmet şansı tanınmalıdır. General kadrolarının artması ile ordunun daha profesyonel ve demokratik bir yapıya kavuşması sağlanmış olacaktır. GATA'da askeri doktor askeri hâkim ve savcılar orgeneral dâhil her rütbede belli oranda bulunmalıdır. Böylece generallerin yargılandığı mahkemelerde hâkim kadrosundan olmayan generallerin bulunması gibi AB tarafından eleştirilen antidemokratik uygulamalara son verilmelidir.

10. Cumhurbaşkanlığı seçim şekli, süresi ve yetkileri yeniden belirlenmelidir.

Mayıs 2007'de yapılacak cumhurbaşkanlığı seçimlerinden önce Anayasa değişikliği yapılarak Çankaya'ya ya temsili hale getirilmelidir ya da en doğrusu Yarı Başkanlık sistemine göre cumhurbaşkanı da halk tarafından seçilmesi veya bunlar yapılamayacaksa Meclis tarafından beş artı beş formülü ile belirlenmelidir. AB ülkeleri ve çevremizdeki bütün ülkeler ve eski Sovyet bloğu da dâhil Cumhurbaşkanını halkın seçmediği tek ülke maalesef Türkiye kalmıştır. Cumhurbaşkanı seçiminde halkına bu kadar güvenmeyen bir sistem mutlaka değiştirilmelidir.

Fakat bu konuda askerler başta olmak üzere ana muhalefet ve cumhurbaşkanı ve oligarşi özlemleri olan ulusalcı cephe şiddetle karşı gelmektedirler. Hatta bazı çevreler Halkın Cumhurbaşkanını seçmesi için Anayasa değişikliği yapılamasını darbe sebebi sayacak kadar ileri gitmektedir. Halk seçimi ile cumhurbaşkanı seçilmesi için Meclis ve devlet kurumlarında konsensüs mümkün olmayacaksa en azından eskiden olduğu gibi Meclis dahi belirlese Cumhurbaşkanı beş artı beş formülü ile belirlenmelidir. Cumhurbaşkanlığı için yedi yıllık uzun süre mutlaka değiştirilmelidir.

3 Ekim'de AB ile başlanan müzakerelerin sağlıklı bir şekilde yürütülmesi halinde Türkiye içinde başlatılan terör ve kaos ortamının süratle zemin kaybedeceğini görmek mümkün olacaktır. 2007 Mayıs başında Cumhurbaşkanlığı için yapılacak iki turlu seçimle Çankaya'da yarı-başkanlık yetkilerine sahip bir cumhurbaşkanı bulunması ile ülkemizin önü aşılacaktır.

Yarı başkanlık sistemi esasına göre, cumhurbaşkanı halk tarafından beş artı beş olmak üzere en fazla iki dönem için seçilmelidir. Bugün birçok ülkenin devlet başkanı halkının hür iradesiyle seçilirken, Türk milleti kendisini temsil eden ve yine kendisine karşı sorumlu bir cumhurbaşkanı seçme hakkından hâlâ bundan mahrum bırakılmaktadır. Zira laikçi, oligarşik çevreler halkın yapacağı tercihlere güvenmemektedirler. AKP iktidarı bu makûs talihimizi değiştirecek çoğunluğu olduğu halde bunu başaramadığı takdirde ısrarla gündeme getirilmek istenen klasik psikolojik harp taktikleri eşliğinde yapılacak erken seçimler ya da farklı "post-modern" müdahaleler sonrası 2007'de Çankaya'da kendi partisinin dışında bir isimle karşılaşabilecektir. Bunun oluşturulmaya çalışılan kaos ve terör eylemlerinin arkasında AB üyeliği endişesinin yanı sıra 2007 Mayıs'ında seçilecek yeni cumhurbaşkanının kim olacağı planlarının da önemli bir role sahip olduğunun herkes farkındadır.

11. Bakanlar Kurulu'nun yapısı değiştirilmelidir.

Milletvekilleri bakan olmamalıdır. Bu makama uygun görülen kişi milletvekilliği görevinden istifa etmelidir. Böylelikle Meclisin daha bağımsız çalışması sağlanmış olacaktır. Ayrıca, tüm bakanlıklarda bir de bakan yardımcıları bulunmalıdır. Bu sayede koalisyon hükümetleri döneminde bakanlıklar tek partinin kontrolüne bırakılmamalıdır.

12. Yerel Yönetimler Kanunu acilen çıkarılmalıdır.

Yerel Yönetimler Kanunu acilen meclisten geçirilerek, merkezi iktidarın gücünün gerektiği hususlar dışında tüm yetkiler Ankara'daki oligarşik zihniyetli özerk ve yarı özerk, atanmış bürokrasinin elinden alınıp yerel yönetimlere devredilmelidir.

13. Kamu personeli ile alakalı atamalarda temsilde adalet esas alınarak yeni düzenlemeler yapılmalıdır.

Yapılacak bir yasal düzenlemeyle özerk veya yarı özerk, tüm kamu kuruluşlarına yapılan atamalar TBMM, Hükümet ve Cumhurbaşkanı tarafından temsilde adalet ilkesi gereğince belirli oranlarda yapılmalıdır. Resmi veya özel görevlendirmeler sadece liyakat, başarı ve kabiliyet esasına göre yapılmalıdır. Devlette görev yapacak kamu yöneticilerinde mutlaka insani, ahlaki ve etik değerlere bağlılık ile kötü alışkanlıkları olup olmadığı sorgulanmalıdır. Yönetmelikler yeniden gözden geçirilmelidir. Kamusal alanlarda çalışan veya hizmet alanlar dini, etnik veya ırk ayrımına tabii olmadan eşit haklardan yararlanmalıdır.

14. Eşit bir biçimde ekonomik kalkınmaya hız verilmelidir.

Ekonomik kalkınma ülkenin bütününe eşit dağıtılmalı, bölgesel farklılıklar acilen giderilmelidir. Yatırım kapsamında 46 ile yapılan vergi ve sigorta indirimleri ve diğer teşvikler bölgeler arası dengesizlikler ortadan kalkıncaya kadar devam ettirilmelidir.

15. Halkın dini ve manevi değerlerine saygı esas kabul edilmelidir.

Sözde *irtica* yaygaraları ile sadece dinini yaşamak isteyen samimi, dindar insanlar ve cemaatler baskı altına alınarak inanç hürriyetleri gasp edilmemelidir. Hangi din ve mezhepten olursa olsun bu toplulukların, bireylere yönelik ya da kamusal olarak herhangi bir zararı bulunmadığı sürece, dini ayin ve faaliyetlerine tam serbestlik tanınmalıdır. Diyanet Teşkilatı özerk yapıya kavuşturulmalı ve mezhepler ve dini cemaatlere de temsil hakkı tanınmalıdır. Aleviler için Diyanet İşleri Başkanlığı bünyesinde başkan yardımcılığı tahsis edilmeli, cem evleri bünyesinde din hizmeti almak istemeleri halinde, buralarda mescitler açılması sağlanarak Diyanet'e İşleri Başkanlığı tarafından Alevi inancına sahip resmi görevliler tayin edilmelidir.

16. Demokratik hak ve özgürlükler eğitim sahasına da yansıtılmalıdır.

Devlet okullarında ve özel okullarda ana dilde eğitim, seçmeli ders olarak konmalıdır. Aynı şekilde İslam dini ve diğer dinler seçmeli ders olarak okutulmalıdır. Özel okullarda seçmeli ders çeşitleri ve kılık kıyafet gibi uygulamalar daha serbestçe yapılabilmelidir.

Sivil Toplum Örgütlerinin Yapması Gerekenler

Türkiye Cumhuriyeti kuruluşundan bu yana her şeyin devlet tarafından planlanıp yapılmasından dolayıdır ki, üzerinden geçen 55 yıla rağmen hakiki manada demokratik yapıların kurulması gecikmiş, demokrasinin tabana yayılmasını sağlayan sivil toplum örgütleri de bundan nasibini almıştır. Dernek ve vakıf kurmayı zorlaştıran yasal çerçeveler sebebiyle Türkiye'de sivil toplum organizasyonları çok cılız kalmıştır. Özel vakıfların kurulmasına ait kanun bile bir sürü zorlukları içinde taşımasına rağmen ancak 1965 yılında çıkarılabilmiştir. Dernekler kanunu ise adeta dernekleri çalışamaz durumda tutmaktadır. 1984'te Özal'ın iktidar yılarında başlayan liberal ve dünyaya açılım politikaları döneminde dahi sivil toplum faaliyetleri fazla kurulamamıştır. Ancak son yıllarda sivil toplum faaliyetlerinin potansiyelinin farkına varılmasıyla birlikte bu yapılanmaların ülkemizdeki sayıları hızla artmaya başlamıştır.

Uluslararası arenada faaliyet gösterecek seviyede yardım, eğitim, sağlık, ticaret ve çeşitli organizasyonlar yapabilecek her türlü sivil toplum örgütünün (NGO, Non Govermantal Organisation, Sivil Toplum Kuruluşu) kurulmasına toplumu oluşturan fertler ile dernek, vakıf ve ticari kuruluşlar tarafından NGO'lar oluşturulmasına ihtiyaç vardır. Bu şekilde, ülkemizin demokratik, içte ve dışta daha itibarlı bir yapıya kavuşmasına katkıda bulunmak mecburiyetindeyiz. Kurulacak bütün sivil toplum kuruluşları tayin ettikleri hedefleri doğrultusunda toplumun her düzeydeki toplumsal problemlere çözüm yolları üreterek, insanların daha iyi bir eğitim aldığı, sağlıklı fertlerden oluşan sağlıklı bir toplumun meydana getirebilmesi için çalışmalıdırlar. Burada devlete düşen yapacağı demokratik yasal düzenlemelerle, sosyal devlet anlayışına katkıda bulunan sivil toplum kuruluşlarını desteklemek, gerektiğinde yol göstermek ve tabii ki denetlemek fakat asla engelleyici bir tavır içerisinde bulunmamaktır.

Sadece devletten ve hükümetlerden gerçek demokrasinin gelmesini beklemenin çözüm olmayacağını 4 defa darbe ve muhtıralarla sekteye uğrayan 55 yıllık demokrasi tarihimizin bizlere göstermektedir. Bundan ders çıkarılmalıdır.

Fertlerin Üzerine Düşen Görevler

Bütün bunlardan sonra topyekûn Türk milletin karşı karşıya olduğu iki seçenek bulunmaktadır. Devletimizin terörle mücadele adı altında hükümetlerle birlikte oligarşik ve askeri vesayet altında tekrar laikçi cumhuriyete dönüşmesini izlemek, ya da hep birlikte elimizdeki imkânları laik ve demokratik bir Türkiye'yi oluşturmak için sonuna kadar kullanmak. Bu yolda her türlü müspet faaliyeti başlatarak, sadece devletten beklemeden, her alanda eğitimli nesiller yetiştirmenin artık son çare olduğunu anlamak mecburiyetindeyiz. 21. yüzyıla giren Türkiye hâlâ demokratikleşme sancıları çekiyorsa hepimize düşen bir vazife ve sorumluluk olduğu bilinci hareket etmemiz gerekmektedir.

Fert olarak bulunduğumuz vazife veya konumda insanlara faydalı olmaya çalışan bir tavır ve düşünce içerisinde olmalıyız. Kendimizi daima geliştirmeye çalışmalı, başta ailemize, çocuklarımıza, akraba ve komşularımıza olmak üzere tüm topluma yararlı olmaya çalışmalıyız.

Şahsi çıkar ve menfaatimiz için dahi olsa resmi veya özel hiç bir kişi ya da kuruluşa asla zarar vermemeliyiz. Şahsi, ailevi ve içtimai hayatımızda içki, kumar, gayrimeşru gece hayatı ve uyuşturucu benzeri kötü alışkanlıklardan uzak bir hayat yaşamalıyız. Ulaştığımız bütün insanlara topluma faydalı fertler haline gelebilmek için gayret göstermelerini tavsiye etmeliyiz.

Başta kendi çocuklarımız olmak üzere çevremizdeki gençlerin daha iyi bir eğitim alabilmesi için maddi ve manevi destek olmalıyız. Gençliğin kötü alışkanlıklardan uzak tutulması için her türlü çalışmaya tam destek vermeliyiz. Gençler bizim ve ülkemizin geleceğidir.

Birçok faaliyetin tek tek fertler tarafından gerçekleştirilmesinin zorluğu açıktır, bu nedenle mesailerin tanzimine ve güçlerin birleştirilmesine imkân verecek olan her türlü eğitim ve sosyal amaçlı sivil toplum örgütleri olan dernekler, vakıflar kurulmasına katkıda bulunmalıyız. Kurulan sivil toplum örgütlerine üye olarak, fahri vazifeler üstlenerek, ayni, maddi katkılarda bulunmalıyı, ülkemizin ve insanımızın daha iyi şartlara gelmesi için gayret göstermeliyiz.

SONSÖZ

TÜRKİYE YOL AYRIMINDA OLİGARŞİ Mİ? DEMOKRASİ Mİ?

Haziran ayında başladığım 15 yıllık gazetecilik dönemindeki hatıralarımın bazılarını ele alan "Atılamayan Manşetler" kitabımın yazımını, AB'ye girmek için 17 aralık 2004'te tarih alan Türkiye'nin önünü kesmek için ülkemizde özellikle Ağustos ayında meydana gelen bombalama olayları ile darbe ve muhtıralarla sonuçlanan kaos ortamının yeniden oluşturulmaya başlandığını fark edince ertelemiştim.

Kaos ortamı heveslilerine karşı eski gazetecilik tecrübelerimden yola çıkarak 3 kim 2005'te AB ile müzakerelere başlamamızı engellemeye yönelik bu olayların perde arkasını anlatmak istedim. İçte ve dışta meydana gelen provokatif olayların arkasındaki güçlere dikkati çekmek için bu kitabımı Ağustos 2005 ortalarından itibaren yazmaya başladım. Bu kitabıma, *"Yol Ayrımındaki Ülke; TÜRKİYE veya AKP'nin Terörle İmtihanı"* başlığını düşünmüştüm. Çünkü 50 yıldır demokrasimiz anarşi, sağ-sol kavgaları sonrasında darbe ve muhtıralarla yara almaya devam etmekte, ülkemiz bir türlü düzlüğe çıkamamaktadır. DP, AP, ANAP, REFAH-YOL, Anasol-D demokrasi denemeleri hep darbeler ve muhtıralarla başarısızlığa uğratılıyordu. AB'ye giriş aşamasında da sözde bitmiş olduğu iddia edilen PKK'nın yeniden eylemle başlaması, ülkenin dört bir yanında çetelerin ortaya çıkması, irticanın, 28 Şubat'ın ardından, tekrar gündeme gelmesi bu eserin yazımını mecbur kıldı.

Kitap yazım aşamasında; Hükümetin 3 Ekim'de AB ile müzakerelere başlama tarihini alması büyük bir başarı olmuştur.

Bütün bunlara rağmen içte ve dışta terör ve kaos özlemcilerinin boş durmadığı 9 Kasım'da SUSURLUK olayının bir devamı olabileceği düşünülen Şemdinli'deki olaylarla bir kere daha ortaya çıkmıştır.

Daha sonra Ana muhalefet lideri Baykal'ın ortaya attığı "cumhurbaşkanının yeni meclis tarafından seçilmesi" iddialarının ardında hükümeti erken seçime zorlamak için her türlü meşru veya gayrimeşru yola başvurulacağının sinyallerini görmek mümkündür.

Ardından Korkut Özal 4 yıllık Genelkurmay Başkanlığı süresi dolan fakat yaşı uzatmaya müsait olan Org. Hilmi Özkök'ün görev süresinin bir yıl Bakanlar Kurulu Kararı ile uzatılmasının doğru olacağını iddia etti. Bunun üzerine yapılan değişik yorumlar ve açıklamalar Türkiye'de sadece problemin AB ve Cumhurbaşkanlığı meseleleri olmadığını, ayrıca gelecek dönem Genelkurmay Başkanı'nın kim olacağının da önemli olduğunu göstermiştir.

Hükümet ve Meclis'in Şemdinli olaylarının üzerine tutarlı gitmesi, muhalefet ve medyanın başarılı bir sınav vermesi ile milletçe bir komplodan şimdilik kurtulduğumuz söylenebilir.

Dünyada meydana gelen nükleer enerji tartışmaları ve Hz. Muhammed'e hakaret içeren ve bütün Müslümanları ve sağduyulu diğer inanç sahiplerini derinden yaralayan karikatür krizi de göstermektedir ki, BOP çerçevesinde 2006 yılında İslam Dünyası, başta İran ve Suriye olmak üzere Türkiye de ciddi problemler yaşayacaktır. Bölgede kritik rol oynayan Türkiye'de gelecek dönemde kimin Genelkurmay Başkanı olacağı, seçimlerin ne zaman yapılacağı, kimin Cumhurbaşkanı olması gerektiği dünyayı yönettiğini iddia eden güçler için de çok önem arz etmektedir.

Son sözde anlatmaya çalıştığım üç konu da kitabımda yer alan problemler ve çözüm yolları bölümünde ele aldığım hususların adeta müşahhas bir yansımasıydı. Bu nedenle kitabımın yeniden yazılması ve editoryal düzenlemenin bir aydan fazla zaman alması sebebiyle 2006 Şubat ayında tamamlanan kitap ancak Nisan başında kamuoyu önüne çıkabilmiştir. Kitapta ele aldığım demokratik çözüm yollarının ve benzerlerinin Devlet, Millet Hükümet ve Meclis tarafından uygulanması halinde Türkiye'nin düzlüğe çıkacağını öngörmekteyiz. Bu çalışmamın ülkem adına yararlı olmasını ümit ederim.

15 Şubat 2006

Halit Esendir

KAYNAKLAR :

Acar, Erkan (2005). "Eşime irticacı demem için Çevik Bir, para önerdi. Nurcan Akçay", Zaman Gazetesi, 23.09.2005.

Ağaoğlu, Samet (1972). *DP Doğuş Ve Yükseliş Sebepleri.* Baha Matbaası.

Aksiyon Dergisi Muhtelif Sayıları. Feza Gazetecilik

Akyol, Fuat (1999). "Bilinmeyen Ecevit", Zaman Gazetesi, 13. 01. 1999.

Alatlı, Alev (2005). "Aydınlar Oligarşisi", Zaman Gazetesi, 20. 08. 2005.

Albayrak, Sadık. "İttihattan Günümüze", Milli Gazete.

Alpay, Şahin (2005). "Hatalarımız Ve Günahlarımızla Yüzleşmek", Zaman Gazetesi, 23. 08. 2005

Altan, Mehmet (2001). *Darbelerin Ekonomisi.* İyi Adam Yayınları.

Bayar, Celal. Başvekilim Menderes.

Cerrahoğlu, Piraye P. *Demokrat Parti Masalı.* Milliyet Yayınları.

Cizre, Ümit (2005). "Resmi İdeolojinin Yıpratma Taktikler", Radikal Gazetesi. 24. 07. 2005. Abas, Hiram (2000). *BAY PİPO- Bir MİT Görevlisinin Sıradışı Yaşamı.* Doğan Kitap. Tagma, Korkmaz. *Yeniden Yapılanma Kuralları.* Timaş Yayınları. 2. Baskı.

Cohen, W.S. (2005). *Abluka.* Timaş Yayınları.

Cumhuriyet Gazetesi.12. 09. 2000 tarihli nüshası.

Çandar, Cengiz (2005). Bugün Gazetesi, 09. 09. 2005.

Çatlı, Gökçen (2004). *Babam Çatlı.* Timaş Yayınları.

Çimen, Ali ve Hakan Yavuz. *İpler Kimin Elinde-Komple Teorileri.* Timaş Yayınları.

Dumanlı, Ekrem (2005). "Terörle Mücadele; Ama Nasıl?", Zaman Gazetesi, 18. 08. 2005.

Dumanlı, Ekrem. "El Kaide Üzerine Bir Soru İşareti Daha", Zaman Gazetesi.

Esendir, Halit. *Babıalinin Meşhurları-1* (Yayına Hazırlanmakta)

Esendir, Halit. *Babıalinin Meşhurları-2* (Yayına Hazırlanmakta)

Evrensel Gazetesi (1996). "Bombaları MİT Mi Aldı", 01-02. 02. 1996.

Eymür, Mehmet (2005). *Analiz- Bir MİT Mensubunun Anıları.* Milenyum Yayınları

Fergan, Eşref Edip. Sebilürreşat Mecmuası. 1950.

Fırat, Abdulmelik Fırat (2005). "Abdullah Öcalan Derin Devletin Emrinde", Vakit Gazetesi, 21. 09.2005

Fırat, Ümit (2005). "Derya Sazak Röportajı", Milliyet Gazetesi, 22. 08. 2005.

Gülerce, Hüseyin (2005). "Resmî İdeoloji Ve AKP İktidarı", Zaman Gazetesi, 09. 07. 2005

Gün, Ercan (2005). "El Kaide Bir Gizli Servis Operasyonu Mu?", Zaman Gazetesi, 14. 08. 2005

Kaynak, Mahir (2001). Yel Üfürdü Sel Götürdü. Babıali Kültür Yayınları.

Kaynak, Mahir (2005). "Bu Sefer Yeni Düşman Seçilen İslam", Zaman Gazetesi, 23. 08. 2005

Kaynak, Mahir (2005). "İslamcı Terör İmaji' Kurgusal Bir Proje...", Zaman Gazetesi, 23. 08. 2005.

Kaynak, Mahir ve Emin Gürses. *Büyük Ortadoğu Projesi.* Timaş Yayınları. 9.Baskı.

Kısakürek, Necip Fazıl Kısakürek (1947). Büyükdoğu Ve Sebilürreşat muhtalif sayıları.

Korucu Bülent Zaman gazetesi 17. 09. 2005

Köksal, Sönmez (1996). *MIT Susurluk Raporu.* 19. 11. 1996.

Kramer, Heinz (2005). *Değişen Türkiye.* Timaş Yayınları.

Marrs, Texe (2005). *İlluminati- Entrika Çemberi.* Timaş Yayınları. 13. Baskı.

Mercan, Faruk (2001). "Özal Suikastının Tutanakları", Zaman Gazetesi, 11. 05. 2001.

Mercan, Faruk (2004). *Apolet-Kılıç Ve İktidar.* Doğan Kitap.

Mirkelamoğlu, Necip. "İnönü'den Anılar", Yeni Asır Gazetesi.

Savaş, Kutlu (1997). *Başbakanlık Susurluk Raporu.*

Sedes, Mehmet (1993). *Valla, Kurda Yedirdin Beni!* 1. Baskı.

Sönmez, Osman (2004). "Moskova Notları", Yenişafak Gazetesi, 09. 08. 2004.

Şevket Süreyya Aydemir. *Menderesin Dramı.*

Tarhan, Nevzat (2005). Psikolojik Savaş- Gri Propaganda" Timaş Yayınları, 7. Baskı-2005

Vatandaş, Aydoğan. *Armageddon- Türkiye-İsrail Savaşı.* Timaş Yayınları. 27. Baskı.

Yılmaz, Hakan (2005). "Ümmet Sarı röportajı", Zaman Gazetesi, 06. 09. 2005.

Yılmaz, Murat (2005). "Kürt Meselesi Ve Terör: Sivil Çözüm Arayışı", Zaman Gazetesi, 09. 08. 2005